A ECONOMIA DO CONHECIMENTO

Roberto Mangabeira Unger

© Autonomia Literária, 2018.
© Roberto Mangabeira Unger, 2018.

Coordenaçao editorial: Cauê Ameni, Hugo Albuquerque & Manuela Beloni
Tradução: Leonardo Castro
Revisão: Tarcila Lucena
Preparação: Cauê Seignemartin Ameni
Capa: Gabriela Leite

Dados Internacionais de Catalogação na Publicação (CIP) de acordo com ISBD

C355e	Unger, Roberto Mangabeira
	A Economia do Conhecimento / Roberto Mangabeira Unger ; traduzido por Leonardo Castro. - São Paulo : Autonomia Literária, 2018. 280 p. ; 14 cm x 21 cm.
	Tradução de: The Knowledge Economy Inclui índice. ISBN: 978-85-69536-29-1
	1. Economia. 2 Conhecimento. I. Castro, Leonardo. II. Título.
2018-990	CDD 330 CDU 33

Elaborado por Vagner Rodolfo da Silva - CRB-8/9410

Índice para catálogo sistemático
1. Economia 330
2. Economia 33

Editora Autonomia Literária
Rua Conselheiro Ramalho, 945
São Paulo – SP CEP: 01325-001
www.autonomialiteraria.com.br

A ECONOMIA DO CONHECIMENTO

Roberto Mangabeira Unger

Tradução: Leonardo Castro

Autonomia Literária

Sumário

1 A prática de produção mais avançada 7

2 A economia do conhecimento: suas características descritas no nível da gestão e da engenharia de produção 25

3 A estrutura profunda da economia do conhecimento: atenuando ou revertendo a restrição dos retornos marginais decrescentes 30

4 A estrutura profunda da economia do conhecimento: produção, imaginação e cooperação 39

5 A estrutura profunda da economia do conhecimento: confiança, discricionariedade e a cultura moral da produção 50

6 O confinamento da economia do conhecimento: o fato e o enigma 55

7 Pseudovanguardismo e hiperinsularidade 59

8 Emprego precário 64

9 O confinamento da economia do conhecimento: consequências para a estagnação econômica e a desigualdade 71

10 O confinamento da economia do conhecimento: começo de uma explicação 82

11 Tornando a economia do conhecimento includente: requisitos educacionais e cognitivos 92

12 Tornando a economia do conhecimento includente: requisitos sociais e morais 100

13 Tornando a economia do conhecimento includente: requisitos jurídicos e institucionais 115

14 Incitações de segundo plano: experimentalismo generalizado e democracia de alta energia 135

15 Vanguardas includentes e o dilema do desenvolvimento econômico 157

16 Vanguardas includentes e a economia política dos países ricos 172

17 Crescimento, crise e superações sucessivas das restrições da oferta e da demanda: o sentido econômico maior do vanguardismo includente 186

17.1 O enigma da oferta e da procura 186

17.2 Contraste com os ensinamentos de Keynes 193

17.3 O espectro das superações das restrições da demanda. 199

17.4 O espectro das superações das restrições da oferta 209

18 Teoria econômica e vanguardismo includente 221

18.1 O imperativo da visão estrutural 221

18.2 A história de larga escala do pensamento econômico e social: truncando e abandonando a visão estrutural 227

18.3 Lidando com a economia pós-marginalista: a desconexão entre teoria e empiria 232

18.4 Lidando com a economia pós-marginalista: o déficit de imaginação institucional 237

18.5 Lidando com a economia pós-marginalista: a teoria da produção subordinada à teoria da troca 244

18.6 Lidando com a economia pós-marginalista: uma teoria da seleção competitiva desacompanhada de uma visão sobre a diversificação de materiais a partir dos quais a seleção competitiva seleciona 246

18.7 Usos e limites da heresia keynesiana 249

18.8 Usos e limites do exemplo oferecido pela economia pré-marginalista 255

18.9 Duas maneiras de desenvolver as ideias necessárias: por dentro e de fora do pensamento econômica estabelecido 263

19 O propósito superior da economia do conhecimento includente 269

1 A prática de produção mais avançada

Uma nova prática de produção emergiu nas maiores economias do mundo. O mais simples e corriqueiro de seus muitos nomes é economia do conhecimento. Poderíamos também denominá-la economia experimental, para demarcar sua atitude mais importante face à própria atividade. Traz consigo a promessa de transformar, em nosso benefício, algumas das mais profundas e universais regularidades da vida econômica, impulsionando dramaticamente a produtividade e o crescimento.

Seus efeitos, contudo, têm-se provado até agora modestos. Em vez de se difundir amplamente, permanece confinada a vanguardas produtivas, empregando poucos trabalhadores. Elites empresariais e tecnológicas as controlam. Um punhado de grandes empresas globais extrai a parte do leão nos lucros por ela gerados. Surge em toda parte no sistema produtivo; o hábito de equacioná-la à indústria de alta tecnologia revela mal-entendido a respeito de sua natureza. Sobretudo, em cada setor da economia, ela ocupa uma estreita franja, excluindo a vasta maioria da força de trabalho. Embora seus produtos sejam usados cada vez mais amplamente, suas práticas revolucionárias permanecem sob quarentena.

Se pudéssemos encontrar uma via que nos conduzisse dessas vanguardas insulares a outras, socialmente includentes, teríamos construído um potente propulsor do crescimento econômico. Teríamos, igualmente, oferecido um antídoto muito mais eficaz do que a mitigação retrospectiva, por meio da tributação progressiva e do gasto social redistributivo, para a desigualdade gerada pelos regimes de mercado atuais.

O verdadeiro caráter e potencial das novas práticas de produção permanece oculto: em virtude de sua insularidade, a economia do conhecimento encontra-se também subdesenvolvida. As tecnologias com as quais têm sido recentemente associadas, como robôs e inteligência artificial, atraem atenção mundial. No entanto, mal começamos a compreender seu significado para a vida econômica e social ou mesmo discernir seus futuros possíveis.

Este livro apresenta uma visão a respeito da economia do conhecimento, causas e consequências do seu confinamento e passagem de seu estado atual de insulamento à sua abrangência socialmente includente. O conjunto estabelecido das ideias econômicas disponíveis é útil e até mesmo indispensável para compreender esses problemas, mas também insuficiente. A teoria econômica herdada está aquém do entendimento necessário para orientar as mudanças institucionais e políticas requeridas para nos deslocar da economia do conhecimento insular que temos em direção à economia do conhecimento includente da qual precisamos. O esforço reflexivo sobre a agenda de um vanguardismo includente nos incita a reavaliar os futuros alternativos da ciência econômica tanto quanto os futuros alternativos da economia.

A situação atual da economia e do pensamento econômico confronta todas as nações, especialmente os países em desenvolvimento, com um dilema que se tornou central para a economia política prática. A industrialização convencional, como garantia de crescimento econômico e convergência com as economias mais prósperas, parou de funcionar. Contudo, a alternativa – o avanço de uma forma ampliada e abrangente da economia do conhecimento – parece inacessível. Nem mesmo as economias mais ricas, com as populações mais escolarizadas, atingiram-na. Não seria um objetivo fora de alcance para o resto do mundo?

***

A cada estágio da história econômica há uma prática de produção mais avançada. Pode não ser, no momento em que surge e começa a se difundir, a prática mais eficiente, aquela que obtém os melhores resultados em relação aos recursos necessários à sua consecução. Ela é, porém, a mais promissora, aquela com o maior potencial para se estabelecer na fronteira da produtividade, uma vez que a tenha alcançado, e inspirar mudança na economia como um todo. Possui, em maior medida do que as práticas rivais, os atributos da fecundidade e versatilidade, assumindo formas diferentes em diversos contextos.

No passado, a prática produtiva mais avançada esteve associada com um setor particular da economia: manufatura, por exemplo, em contraste com a agricultura ou o setor de serviços. Porém, a prática mais avançada pode surgir como parte de setores diversos, em vez de permanecer identificada com um único setor.

Os dois maiores pensadores da história da ciência econômica – Adam Smith e Karl Marx – acreditavam que o melhor caminho para descobrir as verdades mais profundas da economia era estudar a prática de produção mais avançada. Para eles, esta era a manufatura mecanizada tal qual havia surgido nos primeiros anos da Revolução Industrial, ao final do século XVIII, que seria sucedida pela produção industrial em massa no final do século XIX. Smith e Marx estavam certos ao tomar o estudo da prática produtiva mais avançada como via de acesso para entender a economia.

O estudo da prática de produção mais avançada é a fonte mais proveitosa para a compreensão do funcionamento da economia e seus futuros possíveis, pois a prática mais avançada é a variante da atividade econômica que revela mais claramente as nossas potencialidades. Assim como a prática mais avançada muda ao longo do tempo, ao passo em que uma prática mais avançada é sucedida por outra, modifica--se igualmente nossa compreensão quanto ao que torna uma prática mais avançada do que sua predecessora. À luz da prática mais avançada de nosso tempo, refazemos nossas ideias sobre como as economias funcionam e podem funcionar. Revisamos a história econômica como um todo.

Designarei a prática produtiva mais avançada da atualidade com o rótulo já familiar de economia do conhecimento para, em seguida, caracterizá-la, explicá-la e explorar seus futuros alternativos. Nosso encontro com a economia do conhecimento sugere novo critério sobre o que torna a prática de produção mais avançada. Por um lado, é a prática produtiva mais próxima à mente humana e, em especial, àquela parte da vida mental que chamamos imaginação. Em outro sentido, essa prática mais fundamentalmente ligada à vida mental é, entre todas as formas disponíveis de atividade econômica, a mais íntima e que continuamente relaciona nossos experimentos no uso e transformação da natureza com nossos experimentos em cooperação. Uma das melhores maneiras de pensarmos sobre tecnologia é vê-la como expressão do casamento entre dois conjuntos de experimentos: aqueles que transformam a natureza e aqueles que mudam nossa maneira de trabalhar em conjunto.

Ao olharmos retrospectivamente para a história econômica do ponto de vista da economia do conhecimento, podemos ver as práticas mais avançadas anteriores com novos olhos. Cada uma delas foi também a prática mais cerebral de seu tempo e aquela que mais estreitamente aproximou nossos experimentos de mobilização da natureza em nosso próprio benefício e nossos experimentos de mudança nas formas pelas quais cooperamos no processo de produção. Essas razões que distinguem a prática de produção mais avançada mostram também por que essa prática é a que mais evidencia os poderes que nos tornam o que somos. Não admira que a estudar seja o caminho mais rápido e confiável para o desenvolvimento da teoria econômica.

Estamos acostumados a ver a história de nossa atividade econômica como uma arena de restrições impiedosas, na qual escassez, necessidade, dependência e coerção desempenham os papéis principais. Da perspectiva do surgimento da economia do conhecimento, entretanto, a vida econômica pode também ter sido, desde sempre, uma história do avanço acidentado e turbulento da imaginação.

***

A ideia central deste livro é que a atual prática produtiva mais avançada tem potencial para transformar radicalmente a vida humana. Pode significar mudança de grande vulto no caráter da atividade econômica.

Falhamos ao não reconhecer esse potencial, ou o vemos somente em sua expressão mais superficial: o impacto das novas tecnologias associadas com informação, comunicação e internet. O que explica nosso entendimento falho da natureza e do alcance da nova prática produtiva mais avançada é que a conhecemos somente sob forma confinada. Ela não se difundiu amplamente na economia, permanece restrita a vanguardas produtivas insuladas, sob controle de uma elite empresarial e tecnológica. E, portanto, não consegue mostrar sua mão.

A profundidade de uma prática avançada de produção – a extensão em que ela se desenvolve e realiza seu potencial – está relacionada com seu escopo – a extensão em que está disseminada na economia. É somente ao emergir em contextos variados, adaptando-se às distintas oportunidades e restrições neles presentes, que uma prática produtiva se desenvolve, permitindo reconhecer seus atributos mais profundos e de longo alcance sob a capa de suas manifestações mais superficiais.

A economia do conhecimento está confinada, mas não se encontra mais restrita a um setor particular da produção. Ela sequer possui uma associação privilegiada com a indústria, em contraste com serviços ou agricultura, como foi o caso da manufatura mecanizada e da produção industrial de massa. Aparece em todos os setores – serviços intensivos em conhecimento e indústria de precisão, bem como na indústria de alta tecnologia. No entanto, apresenta-se em cada um deles como uma franja, da qual a vasta maioria da força de trabalho permanece excluída.

O controle de sua operação está nas mãos de um pequeno número de grandes empresas com crescente presença global. Essas empresas aprenderam a rotinizar ou comoditizar muitas partes de sua atividade produtiva, passando, assim, a contratá-las de outras firmas e fabricantes em outras partes do mundo. O resultado é que a economia do conhecimento propriamente, a forma de produção mentalmente intensiva com todos os atributos potencialmente revolucionários que explorarei adiante, mostra-se um círculo ainda mais restrito: um reino no interior de um reino.

O reino central e sua periferia rotinizada, tal qual se apresentam na forma atual, global porém insular, da economia do conhecimento, comercializam amplamente seus produtos e serviços, bem como o acesso a suas plataformas e redes. Empresas e indivíduos em todos os quadrantes da sociedade os utilizam. No entanto, não é pela utilização desses produtos e serviços que uma empresa ou indivíduo passa a fazer parte da prática mais avançada de produção. A empresa pode usar esses produtos e serviços para desempenhar certas atividades com mais eficiência – por exemplo, implementando redes de computadores e softwares associados para gerenciar informações complexas – sem por isso tomar parte naquilo que descreverei adiante como características definidoras da atual prática de produção mais avançada. Ela pode estar empregando dispositivos de aumento da eficiência, mas de modo a evitar, ao invés de favorecer, mudanças que poderiam torná-la protagonista da economia do conhecimento.

A tese central deste livro é que muitos dos nossos interesses morais e materiais mais importantes dependem disto: se a economia do conhecimento – a mais avançada prática de produção atual – permanecerá confinada a vanguardas insulares, franjas avançadas em cada setor da economia. A economia do conhecimento pode se tornar uma vanguarda includente ao invés de insular. Sua difusão, porém, requer mudanças em nossos arranjos e pressupostos econômicos básicos: não somente formas diferentes de regular a economia de mercado ou de fazer negócios sob a égide de suas instituições atuais – mas um tipo diferente de economia de mercado. Deverá ser, com isso, iniciada uma disputa com a qual não estamos acostumados: não em torno do tamanho relativo do mercado e do Estado, mas sobre os arranjos institucionais por meio dos quais organizamos a atividade econômica descentralizada.

Chamo de vanguardismo insular ou confinado a economia do conhecimento restrita às franjas avançadas nas quais ela atualmente prospera, e de vanguardismo includente a economia do conhecimento amplamente disseminada. A escolha entre vanguardismo insular e includente é fatídica. Afeta todas as nossas preocupações econômicas e muitas das nossas inquietações políticas e até mesmo espirituais. Traz consigo nossas esperanças de realizar mais plenamente, na prática, o ideal que se impõe com mais elevada autoridade no mundo e possui os laços mais fortes com a democracia: o ideal da agência efetiva, da capacidade de cada homem e mulher para agir sobre as circunstâncias de sua própria existência.

O objetivo de estabelecer um vanguardismo includente – uma versão abrangente, englobando a economia como um todo, da prática de produção mais avançada – concerne diretamente a duas preocupações cruciais da economia política prática: estagnação e desigualdade. Uma forma amplamente disseminada e desenvolvida de economia do conhecimento representa o caminho mais promissor para a promoção do crescimento econômico socialmente inclusivo e a diminuição dos extremos da desigualdade econômica.

Sob o velho rótulo proposto por Alvin Hansen de "estagnação secular", muitos economistas vêm propondo, nos últimos anos, explicações sobre a desaceleração persistente do crescimento econômico. Os gráficos que medem o aumento da produtividade ilustram a dimensão dessa desaceleração.

Considere-se o exemplo bem conhecido da economia norte-americana. De 1947 a 1972 a produtividade do trabalho, que grosso modo indica a produtividade total dos fatores, cresceu a uma média de 2,8% por ano nos Estados Unidos; de 1972 a 1994, a 1,5% ao ano; de 1994 a 2005, a 2,8% ao ano; e de 2005 até o presente, a uma média de 1,4% ao ano. Depois de um período de baixo crescimento, a produtividade teve um pico em 1994-2005 e voltou a cair novamente. A desaceleração do crescimento da produtividade a partir de 1972, interrompida somente pelo pico verificado na virada do século, tem sido atribuída a diversos fatores, assinalados por Hansen nos anos 1930: declínio do crescimento populacional, inadequação da demanda agregada e uma "superabundância de poupança" – um excesso de poupança em relação ao consumo. Um fator, porém, amplamente ausente na antiga discussão sobre estagnação secular ocupa hoje o centro do palco: o efeito transformativo supostamente mais limitado das tecnologias contemporâneas, especialmente em comunicação e inovação, em comparação com as inovações tecnológicas de cem anos atrás. Consistentemente com essa linha de argumentação, poderíamos explicar o aumento episódico da produtividade em 1994-2005 como resultado de um fenômeno singular: a adoção de microcomputadores e outras tecnologias digitais por um amplo leque de empresas gigantes, grandes e médias, como a Walmart, cujas operações, entretanto, contêm poucos traços da prática produtiva mais avançada atual.

O efeito do discurso da estagnação secular tem sido apor ao declínio do crescimento econômico em geral e do crescimento da produtividade em particular um halo imerecido de naturalidade e necessidade. Não há motivos para acreditar que as tecnologias contemporâneas sejam menos revolucionárias potencialmente do que as inovações mecânicas de um século atrás; há melhor razão em supor que nós apenas começamos a explorar seu potencial e, uma vez que o façamos, impulsionar as inovações que elas são capazes de inspirar. Contudo, os efeitos das tecnologias são sempre mediados pelo contexto cultural e institucional no qual ocorrem.

Estimo que uma das causas principais da estagnação econômica no período que vai do início da década de 1970 até hoje é o confinamento da economia do conhecimento a vanguardas relativamente insuladas, em vez de sua difusão para o conjunto da economia. Não há nada de natural acerca desse fenômeno: representa um enigma que requer explicação.

As práticas produtivas mais avançadas anteriores – a manufatura mecanizada e a produção industrial de massa – deixaram sua marca em todas as partes da vida econômica, apesar de sua estreita conexão com um setor determinado – a indústria. A economia do conhecimento deveria, em princípio, ser suscetível de uma difusão ainda mais ampla. Nada em suas características a limita a qualquer setor particular da economia, motivo pelo qual ela emerge em todos os setores, ainda que como uma pequena franja em cada um deles.

Porém, é o oposto o que vem se dando: apesar de seu aparecimento em vários setores, ela tem permanecido, mesmo nas economias mais ricas e nas sociedades mais escolarizadas, um arquipélago de ilhas estranho à tendência prevalecente da vida econômica em seu entorno. A consequência tem sido privar a economia e a força de trabalho do mais poderoso indutor ao incremento da produtividade, aquele que resultaria não das máquinas simplesmente, mas de uma radicalização de nossas capacidades tanto para inovar quanto para cooperar: a promessa do vanguardismo includente. O sucesso no desenvolvimento e na utilização das tecnologias contemporâneas seria apenas um dos vários aspectos desse avanço.

O que a tese da estagnação secular conduz a naturalizar, segundo essa compreensão, é, em grande parte, consequência de nossa falha em libertar a prática de produção avançada de seu aprisionamento em segmentos estreitos da atividade econômica e no limitado espectro de empresas nas quais ela atualmente prospera. Falhamos em reconhecer a extensão de nossa perda, porque fomos levados a pensar, erroneamente, nessa insularidade como natural e a desconsiderar as atributos mais profundos da prática de produção mais avançada, tomando-os pelas características daquela parte da economia em que sua presença tem sido mais saliente: a indústria de alta tecnologia.

O confinamento da economia do conhecimento a franjas em todos os setores da economia tem implicações igualmente poderosas para a desigualdade. A distinção entre uma vanguarda insular, ainda que multissetorial, e o resto da economia – um ajuntamento de retaguardas – tornou-se um poderoso mecanismo de produção de desigualdade de oportunidades e capacitações e, em consequência, também de desigualdade de renda e riqueza.

Em qualquer economia, mesmo as mais desenvolvidas e com as forças de trabalho mais educadas, pequenos negócios antiquados no setor de serviços e varejo (juntamente com pequenas propriedades rurais atrasadas, uma vez que uma parcela significativa da população economicamente ativa permanece no campo) representam a maior parte de sua periferia econômica. Esses empreendimentos constituem um ideal residual e refúgio para centenas de milhões de pessoas. Não é simplesmente uma fonte de empregos em última instância; é também frequentemente a única forma acessível de satisfazer um desejo quase universal de alcançar um patamar módico de prosperidade e independência. Em quase todo lugar, os pequenos negócios, especialmente os negócios familiares, sustentam-se à base da poupança doméstica e da autoexploração. Quase sempre, com a exceção de uma pequena elite de serviços profissionais intensivos em tecnologia e de parte dos ofícios técnicos tradicionais, permanecem largamente intocados pelas características da prática de produção avançada.

Se o pequeno negócio é o componente primário da retaguarda econômica, o componente secundário é constituído pelas declinantes indústrias de produção em massa. Elas são a base do que já foi a prática avançada: a produção industrial em massa e os serviços aos quais ela historicamente esteve associada. Essa parte da periferia granjeia um nível de atenção desproporcional à sua importância, em contraste com a desatenção sob a qual tradicionalmente padece o pequeno empreendimento.

A indústria declinante de produção em massa concentra atenção por razões diversas. Um motivo é que a fórmula clássica do desenvolvimento (tal qual exposta pela economia do desenvolvimento da segunda metade do século XX) tem sido a transferência de trabalhadores dos setores menos produtivos para os mais produtivos, sendo os mais produtivos tradicionalmente entendidos como sinônimo de indústria e os menos produtivos como sinônimo de agricultura. Outro motivo é que os representantes da força de trabalho industrial, no meio político e no movimento trabalhista, têm desempenhado um papel de liderança nos partidos de esquerda ao redor do mundo. Há, ainda, mais uma razão: os partidos de direita passaram a ver na destituição e insegurança dos trabalhadores da indústria de massa uma possibilidade de ampliar e reconfigurar sua base de apoio.

Um impulso comum em todo o mundo tem sido abandonar os pequenos negócios à própria sorte, não obstante uma panóplia de concessões menores a seus interesses, ao mesmo tempo aquiescendo com o caráter regressivo e relativamente improdutivo de suas práticas como algo natural e mesmo inevitável. Da mesma forma, a prática de proteção da indústria de produção em massa contra a competição internacional e a arbitragem fiscal ou trabalhista, desacompanhada de qualquer iniciativa de planejamento que permita convertê-la às práticas da economia do conhecimento e adequá-la aos seus requisitos.

Ao passo em que nova riqueza é acumulada na economia do conhecimento, a distância que separa essa economia da vasta periferia produtiva gera desigualdades que os dispositivos tradicionais de atenuação da desigualdade mostram-se inadequados para dominar. Esses dispositivos são a proteção dos pequenos negócios tradicionais e a redistribuição compensatória por meio de impostos e transferências: tributação progressiva e gasto social redistributivo. Eles geram uma distribuição secundária da vantagem econômica, em contraposição aos arranjos que ordenam a distribuição primária.

Essa correção pós-fato é propensa a ter efeito apenas marginal sobre a desigualdade radicada na organização da economia e, sobretudo, na estrutura da produção. Essas iniciativas compensatórias alcançam somente o lado da demanda da economia, deixando o lado da oferta e os arranjos produtivos intocados. Em consequência, elas jamais conseguem atingir a escala necessária sem que comecem a afetar negativamente os incentivos estabelecidos para a geração de poupança, investimento e emprego. A tradicional disputa de argumentos que contrapõe eficiência e equidade é apenas o reflexo retórico desse desequilíbrio entre o objetivo de moderar a desigualdade e os métodos escolhidos para sua implementação. O desenvolvimento de um vanguardismo includente – lidando com a desigualdade a partir do lado da oferta tanto quanto do lado da demanda da economia – representaria o antídoto mais efetivo para a desigualdade extrema, assim como a mais promissora resposta à desaceleração no crescimento da produtividade. O caráter exigente dos requisitos de uma tal forma de economia do conhecimento – na disseminação de um novo estilo de educação, na renovação da cultura moral da produção e na reorganização das instituições econômicas – asseguraria seus efeitos profundos sobre a desigualdade. Isto ocorreria não por meio da redistribuição retroativa – o método por definição da social-democracia institucionalmente conservadora –, mas por meio da revisão dos arranjos que moldam a distribuição primária da vantagem econômica e, com isso, produzem desigualdade em primeira mão. Em sua versão mais abrangente, atacaria a desigualdade com as mesmas armas com que fere a estagnação.

Neste livro, desenvolvo um argumento sobre o vanguardismo includente em seis passos. No primeiro, caracterizo a economia do conhecimento como a atual prática mais avançada de produção. No segundo, discuto o enigma de seu confinamento às vanguardas insulares, as causas fundamentais desse confinamento e seus efeitos de longo alcance sobre a estagnação e a desigualdade. No terceiro passo, abordo os requisitos necessários à disseminação pelo conjunto da economia da prática produtiva mais avançada. Esses requisitos se distribuem em três categorias: cognitivo-educacionais, sociomorais e institucionais-legais – configurando uma transformação da estrutura institucional da ordem de mercado. No quarto passo, discorro sobre a característica da cultura e da política que constituiria o ambiente mais propício à consecução dessas três séries de condicionantes.

Tomados em conjunto, o terceiro e o quarto passos do meu argumento apresentam o projeto de um vanguardismo includente, compreendido como uma trajetória de mudanças cumulativas mais do que um plano esquemático ou um sistema acabado. Em cada instância, sugiro alguns dos movimentos iniciais pelos quais, nas circunstâncias das economias contemporâneas, podemos começar a caminhar nessa direção. O programa de um vanguardismo includente é, ao mesmo tempo, possível e necessário. Os meios para começar a desenvolvê-lo já estão à mão. Seu avanço representa a melhor resposta tanto para a estagnação econômica quanto para o problema da desigualdade.

No quinto passo, retomo o argumento sobre vanguardismos confinado e includente do ponto de vista das concepções da economia do desenvolvimento clássica, cuja principal recomendação foi impulsionar o crescimento econômico transferindo trabalhadores e recursos da relativamente menos produtiva atividade agrícola para a relativamente mais produtiva atividade da manufatura, essa última sob a forma que representou até recentemente a prática produtiva mais avançada – a produção industrial em massa. Essa fórmula está corrompida por razões diversas que examinarei e que incluem a concorrência das megaempresas globalizadas e versáteis da economia do conhecimento e, também, da produção em massa de baixa remuneração (fordismo tardio) nos países em desenvolvimento. Porém, se a antiga fórmula da produção industrial em massa não funciona mais, a alternativa do vanguardismo includente parece estar além do alcance. Se nenhuma das economias mais ricas foi capaz de implementá-la ou, sequer, ainda, de concebê-la, como esperar que seja implantada em sociedades nas quais até mesmo os mais elementares requisitos educacionais e institucionais necessários à produção convencional em massa frequentemente permanecem não preenchidos? No sexto passo, estendo o argumento à economia política dos países ricos. A falha em desenvolver uma estratégia de desenvolvimento econômico que torne a prática mais produtiva amplamente disponível para a população economicamente ativa está no centro de muitos dos problemas político-econômicos das sociedades mais prósperas: a oscilação do crescimento econômico, a inadequação das tentativas de redução da desigualdade, que deixam intocadas a segmentação hierárquica da economia, e a ascensão de políticos e movimentos políticos que dão voz aos sentimentos e experiências de destituição, mas não oferecem qualquer perspectiva de mudança estrutural.

O programa de uma forma inclusiva da economia do conhecimento somente avançará como parte de um movimento de mudança na educação, na cultura e na política, bem como de inovação das instituições que organizam o mercado. Requer, portanto, uma ruptura – mesmo que por meios graduais e fragmentários – com os fundamentos institucionais e ideológicos que têm prevalecido nessas sociedades desde meados do século XX.

No sétimo passo, reconsidero o argumento sobre vanguardismo confinado e includente da perspectiva do problema mais rudimentar e familiar da teoria econômica: a relação entre oferta e demanda. Uma razão fundamental pela qual o crescimento econômico permanece sujeito a interrupções recorrentes, falhas e quedas bruscas é que superações das restrições da oferta não garantem automaticamente superações correspondentes das restrições da demanda e vice-versa. Não há forma de implementar por contrato, no nível da economia como um todo, a barganha que Henry Ford graciosamente ofereceu a seus empregados: pagá-los tão bem que pudessem comprar seus automóveis.

A solução para o ajustamento entre oferta e demanda com pleno emprego não é contratual; é institucional. Nas condições das economias contemporâneas, somente um vanguardismo includente – a mais radical e abrangente forma de ultrapassagem das restrições tanto da oferta quanto da demanda – pode garantir que o crescimento da oferta seja suficiente para sustentar o crescimento da demanda, e o crescimento da demanda seja capaz de sustentar o da oferta. A teoria de Keynes trata somente de um caso especial dessas falhas de ajustamento entre oferta e demanda, ou de equilíbrio em um nível deprimido de emprego.

No oitavo passo de meu argumento, discuto o caráter das ideias econômicas de que necessitamos para pensar a agenda do vanguardismo includente. Farei isto explorando os usos e limitações da vertente dominante da teoria econômica: aquela inaugurada pelos teóricos marginalistas em finais do século XIX. Um futuro alternativo da economia do conhecimento – que vá além do vanguardismo insular atual – tem como contrapartida uma ciência econômica com mais recursos do que as poderosas ferramentas analíticas forjadas pelos marginalistas. Suas ambições explanatórias e transformativas deverão diferir das deles.

No nono e último passo, abordo o propósito mais elevado de uma economia do conhecimento que se torne includente e consiga levar ao limite seu próprio potencial: a promessa de nos dar possibilidade melhores de termos nossas vidas engrandecidas.

Este livro é um esboço, tanto como programa quanto como exercício de análise econômica. É uma tentativa de imaginar uma direção alternativa para a economia do conhecimento, tanto quanto de exemplificar o modo de pensamento pelo qual um tal direcionamento poderia ser delineado.

O tema do vanguardismo confinado e includente – ou dos futuros alternativos da economia do conhecimento – conduz, por caminhos distintos, às questões centrais da economia política hoje. Exige que pensemos de maneiras para as quais não dispomos de modelos e métodos prontos. A recompensa no nível programático é a possibilidade de avançarmos em nossa capacidade de dar consequências práticas ao objetivo político-econômico mais amplamente perseguido no mundo atual: o crescimento econômico socialmente inclusivo. A recompensa no nível analítico reside na promessa de que, como Smith e Marx, podemos nos servir da investigação sobre a prática de produção mais avançada de nosso tempo para alcançar uma compreensão mais profunda da economia e de sua transformação.

2 A economia do conhecimento: suas características descritas no nível da gestão e da engenharia de produção

Conhecemos a economia do conhecimento, hoje, sob a forma limitada de ilhas e franjas que ocupa nos distintos setores da economia. Somos tentados a identificá-la com sua expressão mais familiar: a indústria de alta tecnologia, especialmente sob a forma assumida por um pequeno número de metaempresas globais e por um segmento adjacente de empresas emergentes. Alternativamente, confundimo-la com o simples uso de seus produtos e serviços, como é o caso de empresas de escalas variadas que tiram vantagem desses produtos e serviços – notadamente computadores e outras tecnologias de informação – para gerenciar conjuntos complexos de informação e aumentar a eficiência de suas atividades, sem por isso mudar seu modo de operar. Um indicador de que tal uso apropria-se somente de uma pequena parte do potencial da nova prática de produção é que ele quase sempre traz um forte impulso inicial à produtividade, cujo efeito, porém, esgota-se rapidamente. Tal foi a mudança que pode explicar o incremento temporário da produtividade nos Estados Unidos entre 1994 e 2005: uma onda de incorporação das tecnologias digitais, possibilitando um aumento da eficiência via gerenciamento de informações, alimentou esse impulso passageiro.

Para compreender o verdadeiro caráter da prática de produção mais avançada, devemos imaginá-la amplamente disseminada e aprofundada ou radicalizada por meio dessa difusão. Ela mostrará sua natureza e seu potencial ao se desenvolver transversalmente por um amplo leque de atividades econômicas.

Em uma primeira aproximação, a economia do conhecimento consiste na acumulação de capital, tecnologia, capacitações tecnológicas e ciência aplicados à condução das atividades produtivas. Sua característica ideal é a inovação permanente em processos e métodos, assim como em produtos e tecnologias. Ela não pretende ser somente outra forma de produzir bens e serviços sob arranjos típicos de equipamentos e tecnologias, mas se propõe ser um paradigma de produção que continuamente reinventa a si mesma. O significado desse ideal será visto agora, inicialmente, no nível mais superficial da administração, coordenação e produção, para ser descrito, mais a frente, a partir de três conjuntos de atributos mais profundos. Esses atributos descrevem-na não como existe hoje, mas como pode existir uma vez disseminada e radicalizada.

Vista sob a perspectiva limitada e relativamente superficial da gestão e da engenharia de produção, a economia do conhecimento é a prática que reconcilia produção em larga escala com "despadronização" ou customização e manutenção da coerência e dinamismo no nível da produção, com descentralização de iniciativas. São progressos que podem significar pouco ou muito dependendo de quanto avancemos com eles. Podem representar ganhos marginais de eficiência, como, também, estratégias para motivar os trabalhadores, permitindo mais espaço tanto para a iniciativa individual quanto para o trabalho em equipe (ex.: o método Toyota de produção). Ou podem ser parte de uma transformação cumulativa e consequente do processo de organização do trabalho e, assim, do próprio regime de propriedade. Desse modo, a expressão e o desenvolvimento desses aspectos mais superficiais da prática de produção dependem do progresso de características mais profundas, que discutirei adiante.

As tecnologias de manufatura aditiva (impressão 3D), a robótica e as mais genéricas e flexíveis máquinas de controle numérico permitem diversificar produtos, explorando suas variações possíveis e combinando, ao mesmo tempo, essa diversificação prolífica com escala de produção. Plataformas tecnológicas acrescentariam muito pouco se não fossem capazes de mobilizar e desenvolver um série de capacidades que encurtam a distância entre atividade produtiva e ciência experimental. Uma impressora 3D, por exemplo, permite ao utilizador mover-se rápida e continuamente entre a concepção e a materialização de um produto, e revisar a concepção à luz de descobertas feitas no decorrer da materialização. A inteligência artificial vai além, tornando explícito aquilo que as máquinas podem fazer por nós: tudo o que já tenhamos aprendido a repetir, de tal maneira que, com seu auxílio, possamos avançar sobre o terreno do ainda não repetível.

Tão importante quanto reconciliar escala de produção com variabilidade e diferenciação exploratória de produtos é mudar a forma como as pessoas trabalham juntas: a divisão técnica do trabalho. A questão é como descentralizar a iniciativa sem perder coerência. Em qualquer modo de organização do trabalho parece haver uma tensão intratável, se não uma total contradição, entre as vantagens da iniciativa descentralizada e a ação discricionária de indivíduos ou grupos. As práticas da economia do conhecimento, mesmo em sua presente forma insular, atenuam essa tensão inclusive quando não conseguem dissolvê-la.

Um dos elementos dessa prática é a designação de tarefas para equipes que desfrutam de ampla liberdade na forma de organizar o trabalho conjunto (ex.: novamente o método Toyota de produção). Outro elemento é uma abordagem à coordenação de atividades em equipe que conjugue gestão centralizada com desenvolvimento e revisão colaborativos do plano de produção pelas equipes e seus líderes. O resultado é forma superior e mais flexível de organização, mais apta a identificar oportunidades de melhoria e gerar aprendizado a partir da experiência.

A tecnologia por si só é insuficiente para assegurar o casamento da escala com diferenciação e do movimento coordenado e direcionado com iniciativa descentralizada. Ela deve estar imersa em práticas e atitudes que apontem para transformações mais profundas nas formas de cooperar e, assim, nos próprios arranjos institucionais da economia, bem como na educação e cultura dos integrantes do trabalho produtivo.

A combinação de escala com diferenciação e customização quase ilimitada de produtos pressupõe um modo de compreender e conduzir os negócios que busca criar novas demandas, categorias de consumidores e mercados em vez de tomar a demanda por seus produtos por um dado exógeno e inalterável. O desejo por diferenciação de bens e serviços pode ser elástico, à medida que o consumidor é surpreendido por novas opções, a produção industrial para o mercado de massa assume algumas características de um tipo de produção artesanal antes reservado à elite, e a fronteira entre manufatura e serviços se dissolve. A fabricação avançada não apenas vende seus produtos associados a serviços, ela consiste em grande parte em serviços intelectuais cristalizados.

A conciliação de iniciativa descentralizada com persistência em um plano coordenado de produção é incompatível com uma abordagem de comado e controle à organização do trabalho. Requer mudança na forma da divisão técnica do trabalho: o modo pelo qual os agentes do processo de produção cooperam. Não deve haver uma distinção rígida entre as funções de supervisão e execução: o planejamento da produção deve ser continuamente revisado no processo de implementação. A redução da distância entre as funções de supervisão e execução terá como contrapartida uma relativização de todas as funções de execução especializadas. Essas especializações rígidas pressupõem a distinção inflexível entre concepção e implementação. A equipe, com organização interna fluida, toma o lugar do especialista. Essa mudança no caráter da divisão técnica do trabalho prefigura uma transformação mais profunda na relação entre produção e ciência.

As características aparentemente superficiais da economia do conhecimento confinada, vistas no nível da administração e da engenharia de produção, terminam por não serem tão superficiais afinal. Para ser plenamente realizadas, demandam outras mudanças encadeadas. Essas mudanças sugerem um potencial de transformação reprimido.

Para tornar-se presente na economia como um todo ao invés de permanecer presa a vanguardas insulares, a economia do conhecimento teria que se beneficiar de atributos que são hoje apenas uma promessa distante. Para cumprir essa promessa, a prática de produção avançada deve se propagar pelo conjunto da economia: sua disseminação e sua radicalização estão inseparavelmente ligadas.

3 A estrutura profunda da economia do conhecimento: atenuando ou revertendo a restrição dos retornos marginais decrescentes

Volto-me agora da superfície para a profundidade: para três características da produção intensiva em conhecimento e experimentalista que se revelam somente à medida que se desenvolve e propaga. Enquanto a economia do conhecimento permanecer confinada às franjas que ocupa hoje, sua natureza continuará escondida. Podemos inferir seu potencial com base na evidência fragmentária oferecida por sua atual forma insular.

A primeira dessas características mais profundas da economia do conhecimento é a promessa de de atenuar ou mesmo reverter a restrição dos retornos marginais decrescentes: o retorno decrescente na margem para empregos sucessivos de qualquer fator ou insumo na produção, quando outros fatores e insumos são mantidos constantes. Além de certo ponto, a produtividade de incrementos sucessivos do insumo ou fator começa a declinar. Não há aspecto da vida econômica que mais mereça ser considerado como lei universal e atemporal da economia do que essa restrição.

Para entender o significado dessa lei e das possibilidades de sua modificação ou superação, convém começar por distingui-la de outra ideia com a qual frequentemente se confunde: retornos de escala. O conceito de retornos de escala refere-se à relação entre duas quantidades. A primeira é o aumento ou redução dos fatores ou insumos empregados na produção de um bem ou serviço, quando todos os insumos e fatores aumentam ou diminuem na mesma proporção. A segunda quantidade é o aumento ou declínio resultante no volume da produção, registrado no longo prazo. Os retornos são constantes quando o nível de produção aumenta ou diminui proporcionalmente ao aumento ou diminuição dos insumos empregados na produção de um bem ou serviço. Retornos de escala normalmente presumem-se constantes. No entanto, numerosas circunstâncias podem conduzir a aumento ou diminuição dos retornos de escala. Uma fábrica maior, em que o uso de todos os insumos e fatores tenha sido aumentado proporcionalmente, pode ser tanto mais quanto menos eficiente do que uma fábrica menor. A ocorrência de retornos constantes de escala nunca foi vista como lei geral da vida econômica, justificadamente. Na melhor das hipóteses, é pressuposto factual que os fatos podem desmentir. Vige somente na ausência de inúmeras circunstâncias que poderiam contradizê-la, incluindo interações favoráveis ou desfavoráveis entre insumos ou fatores de produção. Nesse sentido, assemelha-se ao movimento constante na mecânica newtoniana. É, contudo, um conceito útil, pois, como boa parte da análise econômica estabelecida, simplifica para esclarecer.

Muitos têm sugerido que a economia do conhecimento pode estar associada com retornos crescentes de escala e veem motivo para justificar essa conjectura em características diferenciadas de tal prática de produção. Algumas dessas sugestões ressaltam uma vantagem encontrada em parte da economia do conhecimento: o custo marginal próximo a zero da adição de um novo consumidor à comunidade de usuários de uma plataforma de serviços. Tais propostas não explicam como outras partes da economia do conhecimento, que não possuam tal vantagem, poderiam participar da experiência dos retornos crescentes de escala. Na melhor das hipóteses, dizem respeito a parte específica da economia do conhecimento.

Outras proposições enfatizam as externalidades positivas geradas por conhecimentos, habilidades e quadros técnicos, dos quais as empresas da economia do conhecimento dependem. Tais empresas são, ao mesmo tempo, produtoras e consumidoras de conhecimento prático. Os bens e serviços que vendem são densos em conhecimento incorporado e costumam requerer habilidades condizentes para que seu uso seja efetivo. Sobretudo, empresas da economia do conhecimento somente podem prosperar criando em torno de si amplo cinturão de pessoas, instituições, práticas e ideias que sejam úteis para suas atividades.

Esse conhecimento incorporado ou tácito representa aquilo que os economistas chamam de bem "não rival": seu uso por alguns não é impeditivo de seu uso por outros, exceto quando o direito de propriedade intelectual intervém para limitar acesso a ele, tornando-o exclusivo. A proliferação de capacidades e conhecimento tácitos compartilhados na economia do conhecimento não apenas promove o desenvolvimento de empresas avançadas e partes avançadas do sistema de produção; também torna mais fácil para os bem-sucedidos sobressair mais, ampliando sua liderança. São aqueles que se encontram em melhor posição (em virtude de sua acumulação de ativos intangíveis bem como de recursos tangíveis) para tirar vantagem dos bens não rivais e não exclusivos da economia do conhecimento.

No entanto, tais externalidades positivas dificilmente podem ser traço distintivo da economia do conhecimento. Elas foram frequentes em formas anteriores de produção, com limitações semelhantes: por exemplo, no auge da manufatura mecanizada e da produção industrial padronizada, dada sua dependência dessas práticas produtivas precedentes para com invenções mecânicas do século XIX bem como da ciência, da cultura e das instituições que serviram de base para os inventores.

Mesmo que tais conjecturas sobre custo marginal próximo a zero ou externalidades positivas pudessem distinguir adequadamente seu objeto – a economia do conhecimento – sem sobre ou sub-inclusão, elas padeceriam de deficiência mais básica: explicariam desvios circunstanciais de uma norma – retornos constantes de escala – que, contudo, nunca foram mais do que um pressuposto empírico conveniente e contingente.

Devemos procurar o significado revolucionário da economia do conhecimento para a produtividade em outro terreno: em seu potencial para atenuar ou reverter aquilo que, de fato, pode ser considerado o mais próximo de uma lei da vida econômica: a lei dos retornos marginais decrescentes. Mantenha constantes todos os insumos de um determinado processo de produção e aumente um deles. Os retornos ao incremento desse insumo irão inicialmente aumentar e em seguida decrescer na margem.

O que resiste, impede e adia a queda é a inovação – conceitual, tecnológica, organizacional ou institucional. Se a inovação, porém, consiste em série de eventos descontínuos, cada uma equivale a um insumo subordinado à lei dos retornos decrescentes. A inovação resultará em aumento da produção até que seu potencial de estímulo se esgote e os retornos marginais a seu uso mais extensivo comecem a declinar. A lei dos retornos marginais decrescentes – a produtividade declinante de aumentos sucessivos do emprego de qualquer insumo ou fator na produção quando outros insumos e fatores sejam mantidos constantes – não contradiz os retornos constantes de escala. De fato, essa lei normalmente toma por certos os retornos constantes de escala no curto prazo ao qual estes se aplicam. E muito embora seja, por convenção, associada ao curto prazo e não ao longo prazo, sua recorrência tem implicações de enorme significado no longo prazo. Pelo contrário, essa lei normalmente toma por dados os retornos constantes de escala. Para entender aquelas implicações, é necessário identificar a causa dos retornos marginais decrescentes

Considerando o quão fundamental é a restrição dos retornos marginais decrescentes para entender o funcionamento da economia, é notável que haja tão pouca clareza a propósito de sua base. Tal base é o caráter episódico ou descontínuo da inovação, agravado pelo fato de a qualificação do sistema produtivo depender de avanços científicos e tecnológicos – eles mesmos episódicos – externos a esse sistema. Inovação é a única força capaz de contrabalançar retornos marginais decrescentes. Porém, se é episódica ou descontínua, ao invés de permanente e contínua, cada inovação funcionará como se fosse novo insumo ou modificação de insumo existente, sujeito à mesma restrição de retornos decrescentes na margem.

Considerem três formas de descontinuidade características das inovações que desempenharam papel decisivo no curso de práticas mais avançadas de produção anteriores, em particular antecessoras imediatas da economia do conhecimento: a produção industrial em massa e sua precursora, a manufatura mecanizada. A primeira forma é descontinuidade na história da descoberta científica, à medida que a invenção de novas maneiras de entender a natureza é seguida pela estabilização ou normalização das teorias, experimentos e processos dela resultantes. A segunda é descontinuidade na conversão da descoberta científica em invenção tecnológica, potencializada pelo efeito reverso de tais invenções, notadamente a disponibilização de equipamento para pesquisa, sobre a própria prática científica. A terceira é descontinuidade no uso da tecnologia, baseada em ciência, pelo sistema de produção. Essas descontinuidades cumulativas e sobrepostas, combinadas com a dependência de avanços externos à produção, constituem o fundamento da restrição dos retornos marginais decrescentes.

A economia do conhecimento promete minar esse fundamento e por conseguinte desenvolver potencial para atenuar ou mesmo reverter a restrição dos retornos marginais decrescentes. O abrandamento ou reversão dos retornos marginais decrescentes ocorreria, então, por razões mais profundas e mais específicas do que aquelas invocadas em argumentos sobre como a produção densa em conhecimento poderia gerar retornos crescentes de escala. Um dos traços mais profundos da economia do conhecimento, como argumentarei na próxima seção, é recriar a produção a partir do modelo do experimentalismo científico, tornando a maneira pela qual cooperamos mais semelhante à maneira como imaginamos e permitindo ao trabalhador ser o oposto e o complemento, em vez de ser o espelho de suas máquinas.

O avanço da ciência e tecnologia pode permanecer descontínuo. Mas a produção experimentalista característica da economia do conhecimento permite traduzir descoberta científica e invenção tecnológica em atividade produtiva de maneira mais direta e contínua do que teria sido possível antes. Sobretudo, tal produção deixa de ser beneficiária passiva do que oferece o progresso da ciência e da tecnologia para se tornar ela mesma fonte de inovação incessante, tanto em ideias quanto em práticas e produtos. Pode utilizar mais pronta, completa e continuamente a descoberta científica e a invenção tecnológica, porque se terá tornado mais parecida com elas.

Quanto mais a inovação se torna contínua, ao invés de episódica, e quanto mais emerge do interior do sistema de produção tanto quanto do uso de ideias e máquinas desenvolvidas fora desse sistema, maior se torna a possibilidade de atenuar ou mesmo reverter a restrição dos retornos marginais decrescentes. A restrição pode ser atenuada ou revertida não apenas no que diz respeito ao conhecimento convertido em tecnologia mas, também, a qualquer insumo ou fator do processo de produção, incluindo trabalho e capital. A natureza e o potencial produtivo de cada fator e de cada insumo são transformados pela integração à economia do conhecimento.

Essas proposições especulativas produzem hipóteses sujeitas a invalidação empírica. A maneira de justificá-las é observar o abrandamento da restrição dos retornos marginais decrescentes à medida que a economia do conhecimento se aprofunda e se dissemina. O sucesso ou malogro em superar a restrição não são curiosidade inútil. Estão intimamente ligados, como argumento neste livro, a algumas de nossas aspirações morais e materiais mais poderosas.

Atenuar ou reverter a restrição dos retornos marginais decrescentes assinalaria mudança importante no caráter da produção. Da perspectiva de tal mudança, a história econômica da humanidade divide-se em três grandes períodos.

No primeiro período, que corresponde às condições mais primitivas, a restrição decisiva ao crescimento econômico era o volume do excedente sobre o consumo corrente: aquilo que Marx denominou acumulação primitiva. Tanto Smith quanto Marx acreditavam que este seria o limite determinante ao crescimento econômico nas sociedades do seu tempo, que constituíam seu objeto de estudo central. Para Marx, a explicação fundamental do caráter de classe da sociedade e, portanto, também, do tratamento dispensado ao trabalho como mercadoria que se compra e se vende sob o capitalismo, era a necessidade de assegurar a extração coercitiva do excedente. Para Smith, a brutalização do trabalhador sob forma hierarquizada e especializada de divisão técnica do trabalho era parte do preço a ser pago pelo progresso econômico: condição do aumento do estoque de capital necessário para o crescimento futuro.

Smith e Marx erraram: já em seu tempo, a inovação – conceitual, tecnológica, organizacional e institucional –, mais do que o volume do excedente sobre o consumo corrente, impunha, por sua presença ou ausência. a restrição básica ao crescimento econômico. A Grã-Bretanha não se distinguia dos impérios agroburocráticos da Ásia Oriental e do Sul e Sudoeste Asiático por níveis mais elevados de poupança, privada ou pública. Ao contrário, a pesquisa histórica mostrou que ela tinha níveis de poupança mais baixos do que vários deles. Diferia deles por suas inovações e pelo contexto social, cultural e político favorável à inovação.

Em um segundo período da evolução econômica, que quase coincide com o conjunto da história, dos primórdios da civilização aos dias de hoje, a principal restrição ao crescimento econômico tornou-se o nível, o escopo e o ritmo da inovação, bem como a relação entre inovação em tecnologia e arranjos de produção e inovação em instituições, ciência e cultura. A inovação, em suas muitas formas, tornou-se o propulsor fundamental do crescimento. A poupança virou mais consequência do que causa do crescimento. No entanto, o crescimento desencadeado e sustentado pela inovação ocorreu sob a dupla égide da escassez e dos retornos marginais decrescentes. A inovação, embora diversificada em suas expressões, permaneceu episódica: consistia em série de mudanças descontínuas em práticas e arranjos de outra forma contínuos. As inovações mais importantes foram aquelas relacionadas com as maneiras de cooperar e com a transformação da natureza ou com o aproveitamento das forças naturais em nosso benefício. A concepção e o uso de nossas máquinas trazem marcas desses dois conjuntos de experimentos – com a natureza e com práticas cooperativas – e os modos pelos quais combinamos um e outro.

Um terceiro período na história da economia se inicia quando a inovação perde seu caráter episódico e se reverte ou se atenua a restrição dos retornos marginais decrescentes. A escassez e as consequências desiguais de diferentes formas de distribuição e uso de recursos escassos continuam a figurar entre os aspectos mais fundamentais da vida econômica. A inovação, porém, passa a ser mais contínua do que episódica. Torna-se interna ao processo de produção tanto quanto depende de ciência e tecnologia importada de fora do sistema produtivo. A restrição dos retornos decrescentes é atenuada, pois boas empresas começam a se parecer com boas escolas e o desenvolvimento da produção passa, cada vez mais, a se assemelhar ao desenvolvimento do conhecimento.

4 A estrutura profunda da economia do conhecimento: produção, imaginação e cooperação

Um segundo traço profundo da economia do conhecimento é a relação próxima que estabelece entre a forma como trabalhamos e a maneira pela qual a mente desenvolve ideias e realiza descobertas. "Produção" tem significado transformar a natureza e mobilizar sua energia com auxílio de tecnologias que ampliam nossos poderes. Na atualidade, é mais correto dizer que o acúmulo de conhecimento se converteu no centro da atividade econômica. Novos produtos ou ativos e novas formas criá-los são, simplesmente, a materialização – sob a forma de bens e serviços – de nossas conjecturas e experimentos.

Um elemento central da vida econômica parece ter sido excluído dessa caracterização: o modo como trabalhamos juntos na produção – o regime cooperativo ou divisão técnica do trabalho – e os arranjos institucionais, políticos e econômicos, sob os quais cooperamos. Não o foi: à medida que radicalizamos o impulso central da economia do conhecimento, o modo como trabalhamos juntos para atingir metas práticas torna-se uma expressão de nossos poderes imaginativos. Para avançar mais nessa direção não é suficiente mudar a forma como trabalhamos conjuntamente em nível micro, no local de trabalho. Devemos também remodelar os arranjos institucionais da economia e da política de maneira que nos permitam controlar e transformaros pressupostos e arranjos estabelecidos do mercado e do estado, em vez de tomá-los como dados.

Não poderemos entender o que está em jogo nessa translação da imaginação à cooperação sem, antes, desenvolver uma compreensão sobre os dois lados da nossa atividade mental. Sob certo aspecto, a mente é como uma máquina antiquada, o tipo de máquina que foi central para a manufatura mecanizada e a produção industrial em massa. Ela é modular: tem diferentes partes, associadas a localizações distintas do cérebro (um vez que há limites à plasticidade do cérebro). E é formulaica: opera a partir de fórmulas, regras ou algoritmos estáveis. Em consequência, é também repetitiva. Sob outro aspecto, porém, a mente não é nem modular nem formulaica. Ela pode explorar a plasticidade do cérebro de forma a desenvolver capacidades semelhantes em diferentes partes da infraestrutura física. Ela pode recombinar livremente tudo com tudo – o tipo de poder que conhecemos em matemática como infinitude recursiva. Ela pode descartar métodos e práticas estabelecidos e desafiar seus pressupostos para realizar descobertas ou desenvolver raciocínios cujos métodos, práticas e premissas ela tornará explícitos apenas retrospectivamente – o tipo de poder que o poeta denominou capacidade negativa.

Este é o aspecto da mente que chamamos imaginação: a mente como antimáquina, em contraste com a mente como máquina. A mente, em seu aspecto imaginativo, possui duas operações constitutivas. A primeira operação é aquela ressaltada por Kant: distanciar. A imagem é a memória de uma percepção. A segunda operação é a que Kant negligenciou: variação transformativa. Apreendemos um fenômeno projetando ou provocando sua alteração em resposta a certas intervenções naturais ou induzidas. Compreendemos o fenômeno ao subsumi-lo sob uma variação de adjacentes possíveis: o que ele pode se tornar ou em que ele pode se transformar. A aproximação da produção à imaginação está no coração da economia do conhecimento, e cada vez mais à medida que se difunde e aprofunda.

O que essa aproximação significa pode ser visto de duas formas: com relação ao modo de organizar o trabalho ou divisão técnica do trabalho e sob o aspecto da relação entre o trabalhador e a máquina. A preponderância ou poder relativo da mente como máquina e da mente como antimáquina ou imaginação não é determinada pela estrutura física do cérebro. É modelada pela organização da cultura e da sociedade, incluindo os arranjos e práticas produtivos. Nesse sentido, a história da política – se por política entendermos a luta em torno da configuração de nossas relações uns com os outros – é interna à história da mente.

Sob a economia do conhecimento, o modo pelo qual trabalhamos juntos – a divisão técnica do trabalho – pode começar a assemelhar-se ao funcionamento da mente como imaginação, nutrindo-se de seus atributos, seus traços não modulares e não formulaicos, e à medida que desenvolva mais plenamente seus poderes de infinitude recursiva e capacidade negativa. A produção pode se desenvolver explorando, graças a essas características e poderes, novos produtos e possibilidades produtivas, a penumbra do adjacente possível. Quanto menos rígida a divisão entre responsabilidades de supervisão e execução, melhores as nossas chances de identificar e realizar tais possibilidades.

Em minha discussão anterior da economia do conhecimento no nível da engenharia de produção, introduzi duas características interligadas da divisão técnica do trabalho sob uma versão desenvolvida da economia do conhecimento. O plano de produção é continuamente revisado pela equipe no transcorrer da implementação. Como resultado, responsabilidades especializadas no interior da equipe deixam de ser tão rigidamente distinguíveis; a fixidez das distinções entre elas é apenas o reverso da clareza do contraste entre concepção e execução.

Essa visão sobre como a divisão técnica do trabalho pode e deve mudar talvez pareça problemática quando aplicada à economia. Porém, ela tem uma aplicação menos incomum no meio militar. Um batalhão de infantaria organizado como força regular convencional pode ter uma estrutura de organização baseada em comando-e-controle, com divisões rígidas entre oficiais comandantes e soldados comandados e responsabilidades fixas no campo. Em consequência, pode ser muito limitada a sua capacidade de explorar as tecnologias militares com as quais encontra-se equipado: tecnologias de poder de fogo bem como o aparato de comunicação. Será igualmente restrita sua capacidade de reagrupamento e improvisação no teatro de operações mediante os incidentes de combate.

Em contraste, uma força irregular adequadamente treinada, hábil e equipada, desconhecerá divisões estanques entre planejamento da batalha e sua execução. Evitará o comando--e-controle fixo. Deixará aos oficiais de baixa patente e tropas margem maior de discricionariedade para ajustar o planejamento à luz dos obstáculos e oportunidades que surjam. E pode requerer especialistas que sejam também generalistas. Se ela se conformar a esse ideal, terá capacidades operacionais superiores e estará apta a fazer melhor uso do poder de fogo e dos dispositivos de comunicação. Será capaz de se dispersar e reagrupar no teatro de operações, adaptando-se às surpresas circunstanciais sem perder coerência e dinamismo.

A linha evolutiva no campo militar é a incorporação pela força regular de algumas características de uma força irregular, mantendo escalabilidade sem obedecer a uma direção central (ainda que frouxa e flexível) e preservando coerência e dinamismo no terreno. O mesmo deve e pode se dar na economia. Sua ocorrência assinalaria progresso no desenvolvimento e difusão da economia do conhecimento. A forma de cooperar no trabalho teria incorporado mais plenamente os atributos da imaginação.

Considerem, agora, como essa mesma ideia de produção como imaginação pode se efetivar na relação do trabalhador com a máquina, assim como na divisão técnica do trabalho. Em práticas de produção mais antigas – a manufatura mecanizada e sua sucessora, a produção industrial em massa – o trabalhador operava como se fosse uma de suas máquinas. Seus movimentos – na fábrica de alfinetes de Adam Smith ou na linha de montagem de Henry Ford – espelham os delas. O paralelismo entre trabalhador e máquina foi mais do que uma metáfora ou uma analogia distante; foi estudado e codificado por especialistas em organização industrial, como Frederick Taylor, e serviu como guia prático para administradores e capatazes.

Sob essas formas mais antigas de produção, vemos a mente como máquina, mesmo nas formas de trabalho mais conscientes. Não admira que muito pouco tenha sido exigido em termos educacionais do trabalhador na era da manufatura mecanizada e da produção industrial em massa, apesar da genuflexão que a teoria clássica do desenvolvimento faz à educação como um dos fundamentos do crescimento econômico. O que era necessário: disposição para obedecer, letramento básico, noções de matemática e destreza manual, especialmente coordenação oculomotora.

A economia do conhecimento torna possível – e, para se desenvolver mais profundamente, exige – uma transformação fundamental na relação do trabalhador com a máquina. Essa mudança oferece uma outra perspectiva quanto ao que significa remodelar a produção segundo o modelo da imaginação. Eis o princípio que rege a mudança, apresentado em sua forma mais simples e geral em um quadro sumário do passado, presente e futuro das máquinas.

Até muito recentemente, o propósito das máquinas foi fazer, em nosso lugar, tudo o que somos capazes de aprender a repetir ou representar e reproduzir formulaicamente. Denomino estas máquinas formulaicas. O fato de tais máquinas operarem de modo formulaico pode sugerir que seu valor principal estaria em permitir que seus usuários operem de modo não formulaico. Os usuários dessas máquinas poderiam, então, reservar seu recurso supremo e, sob certo aspecto, único – tempo – para aquelas atividades que ainda não aprendemos a repetir e, portanto, codificar em dispositivos mecânicos.

Essa relação entre máquinas e seus usuários não se firmou no decorrer da história das práticas de produção. Mais frequentemente, como sugere o exemplo da relação entre trabalhador e máquina sob a produção em massa, o trabalhador foi posto a trabalhar como se fosse mais uma de suas máquinas, mimetizando seus movimentos repetitivos ou suplementando-os com atividades diferentes mas analogamente formulaicas. O potencial da tecnologia, mesmo em se tratando de máquinas relativamente simples e rígidas, para permitir que seus usuários façam o melhor possível sem mimetizá-las, foi em grande parte desperdiçado. Esse potencial realizou-se em formas de produção artesanal e práticas relegadas às margens da linha central da história econômica.

A história das práticas de produção, assim como as economias e os contextos políticos e culturais nos quais estão imersas, toldou a evolução das máquinas e modelou a divisão técnica do trabalho. Até o momento, a ideia de que o uso mais efetivo de uma máquina seja operar não como máquina, mas como antimáquina, de modo não formulaico e não algorítmico, permanece uma mera possibilidade especulativa.

O advento da economia do conhecimento, mesmo em sua presente forma insular e relativamente superficial, tem-se feito acompanhar pelo desenvolvimento de máquinas que forçam os limites dessa concepção e desse uso. Isto, especialmente, no domínio mais revolucionário da economia da inovação, atualmente conhecido como inteligência artificial e aprendizagem automática. Há formas fundamentais de compreender as máquinas desenvolvidas nesse domínio.

Em um desses entendimentos, as máquinas da economia do conhecimento são apenas dispositivos formulaicos de ordem mais elevada. Fazemos mais do que codificar nelas fórmulas e algoritmos de um conjunto limitado de operações, com usos dedicados. Dotamo-las com metafórmulas e algoritmos ou regras de inferência de ordem superior que permitem inferir novos movimentos a partir de exemplos e experiências e, com base nessas inferências, modificar seus algoritmos de primeira ordem. Podemos, inclusive, criar dentro dessas máquinas um componente de randomização para ampliar a variação de experiências e exemplos aos quais elas respondem ao ajustar seus procedimentos.

Em um entendimento alternativo, o que essas máquinas estão começando a fazer não é somente atividade formulaica de ordem superior. Elas podem dispensar completamente regras gerais de inferência. Podemos compreender melhor o funcionamento de uma tal máquina extraformulaica como aquisição de capacidades operacionais adaptativas, desde as mais simples – como girar a maçaneta de uma porta – até as mais complexas – como guiar um veículo de forma segura. Essas capacidades se desenvolvem no contexto do desempenho de tarefas físicas.

O que vemos como regras de inferência de ordem mais elevada é simplesmente a descrição retrospectiva de um processo evolucionário adaptativo que nunca precisou de tais regras ou, pelo menos, nunca precisou torná-las explícitas. A ascensão escalar dessas capacidades assemelha-se a progressão estudada pela psicologia cognitiva de Piaget: o abstrato segue-se ao concreto; o conceitual ao operacional. Há um resíduo pragmático que resiste à redução ou expressão formulaica.

O entendimento metaformulaico e operacional desse novo estágio da história das máquinas, o estágio que começa com a economia do conhecimento e que atualmente chamamos inteligência artificial e aprendizagem automática são descrições filosóficas alternativas de uma novidade emergente. Não temos, pelo menos até agora, base confiável a partir da qual escolher entre essas interpretações. Pode chegar o momento em que a escalada das capacidades operacionais terá progredido a um ponto que nos desautoriza a tratar as duas visões como equivalentes ou complementares.

Independentemente de como venhamos, afinal, a caracterizar esse novo estágio na história da tecnologia, algo fundamental terá já mudado na relação das pessoas às máquinas. Foi possível organizar a produção em massa de modo a fazer do trabalhador um alter ego de sua máquina, muito embora essa abordagem tenha desperdiçado potencialidades existentes mesmo nas tecnologias relativamente primitivas daquele período. Entretanto, não é possível fazer dos trabalhadores da economia do conhecimento, mesmo em sua atual forma truncada e confinada, sombras de suas máquinas. As máquinas podem ser muito melhores do que trabalhadores humanos jamais poderiam ser com relação a determinadas tarefas. Mas as pessoas que usam essas máquinas têm algo que nenhuma máquina pode ter: a capacidade de imaginar.

O movimento que vai do formulaico ao metaformulaico ou pós-formulaico não é um movimento que possibilite às máquinas – qualquer máquina, por princípio – incorporar o que chamei acima de segundo aspecto da mente: a imaginação. A marca distintiva da imaginação é a capacidade negativa: o poder da mente de se distanciar de um fenômeno ou estado de coisas e vê-lo sob a perspectiva de um conjunto de variações transformativas; de deixar de lado seus métodos estabelecidos e desafiar seus pressupostos para melhor ver algo que não conseguia ver antes. Com novos olhos, desenvolver os métodos e formular os pressupostos que emprestam sentido àquela visão e que não poderiam ser antes admitidos. Imaginação não tem a ver com facilidade para fazer. Tem a ver com capacidade de ver e descobrir. Máquinas não podem, por princípio, ter esse poder transgressivo e visionário. É um poder calcado no atributo mais fundamental de nossa humanidade: nossa transcendência face a todas as determinações finitas de nossa existência, nossa incapacidade de sermos contidos pelos mundos conceituais e sociais que construímos e habitamos.

A maior parte do uso dessas máquinas é realizada por trabalhadores que não trabalham e pensam como se fossem máquinas. A combinação da máquina e da antimáquina – quer dizer, o trabalhador – é muito mais poderosa do que o trabalhador ou a máquina sozinhos. O que não podemos fazer é dar à máquina o lugar da imaginação, com poder para desafiar as regras de ordem superior ou inferior com as quais a dotamos e dar sentido retrospectivamente às descobertas obtidas graças a esse desafio. À medida que aperfeiçoamos as máquinas, de forma que a distância entre elas e nós parece diminuir, inclusive nos ultrapassando em alguns quesitos como poder computacional, corremos à frente da máquina. Naquilo que realmente importa, a máquina jamais pode nos alcançar.

A essa mudança na relação do trabalhador máquina corresponde um interesse tanto moral quanto material nosso. Anuncia um mundo no qual o trabalhador e a máquina divergem, ainda que as máquinas passem mais e mais a fazer aquilo que antes fazíamos nós. Muitos têm evocado o fantasma dos empregos que serão subtraídos pelas máquinas. Mais a frente argumentarei que, em uma forma radicalizada e abrangente da economia do conhecimento, temos razões para esperar que o caráter do trabalho venha a se transformar, mas sua quantidade não será reduzida – um argumento inteiramente consistente com a rejeição pela ortodoxia econômica da falácia da quantidade fixa de trabalho como objeção à inovação tecnológica. O verdadeiro perigo é o inverso: que a maior parte da força de trabalho permaneça condenada, por muito mais tempo do que seria necessário, a realizar tarefas que máquinas poderiam executar. Em uma economia que se desenvolvesse respeitando nossos poderes, ninguém deveria estar condenado a fazer o que pode ser feito por uma máquina.

Entretanto, é improvável que esse potencial se realize, exceto de forma episódica e fragmentária, a menos que mudemos os arranjos institucionais da economia de mercado. A recriação da ordem de mercado em uma direção específica, discutida mais a frente neste livro, é um dos requisitos fundamentais para o aprofundamento e a difusão da economia do conhecimento. Um elemento dessa mudança merece menção antecipada na presente explanação sobre a relação entre trabalhador e máquina. Quanto mais tempo o trabalho assalariado economicamente dependente, comprado e vendido sob forma contratual, permanecer como a forma predominante de trabalho livre, mais o tipo de relação entre trabalhador e máquina requerido e favorecido pela economia do conhecimento tenderá a ser reprimido ou contido. Os interesses de controle e daqueles que detêm (em nome da propriedade) o poder de alocar o capital e gerir a produção inibem a realização desse potencial. Esses interesses se opõem à mudança revolucionária na relação entre trabalhador e máquina para além dos limites do mundo insular dos trabalhadores e técnicos de elite.

Efetuar essa mudança na relação do trabalhador com a máquina exige que o trabalho assalariado dê lugar, progressivamente, como queriam e esperavam os liberais e socialistas do século XIX, a formas mais elevadas de trabalho livre: autoemprego e cooperação. Veremos adiante o que esse ideal do século XIX poderia significar se transportado para as realidades e possibilidades do século XXI.

5 A estrutura profunda da economia do conhecimento: confiança, discricionariedade e a cultura moral da produção

Uma marca da economia do conhecimento é sua tendência a transformar a cultura moral da produção, elevando o grau de confiança e discricionariedade requerido e permitido na atividade produtiva, aperfeiçoando nossa disposição e capacidade para cooperar, e atenuando o conflito, característico do conjunto da vida social, entre cooperação e inovação.

A manufatura mecanizada e a produção industrial em massa, assim como os tipos de ordem de mercado em meio às quais elas surgiram, demandam somente uma parcela mínima de confiança. Teóricos sociais de fins do século XIX e início do século XX (como Max Weber e Georg Simmel) chamaram atenção para os pressupostos morais das economias "capitalistas" de seu tempo. Central entre esses pressupostos era a superação do contraste intenso, típico de formas de vida social e econômica anteriores, entre desconfiança face a estranhos e o alto grau de confiança recíproca compartilhada entre próximos, ligados por laços de sangue e cultura. A economia de mercado podia, então, ser compreendida como uma forma de cooperação entre estranhos que se torna desnecessária quando há muita confiança e impossível quando não há confiança. Depende de um mínimo de confiança – baixa confiança – generalizada entre estranhos.

O direito clássico de obrigações e contratos do século XIX, com seu foco em promessas que se cumprem por inteiro, de um só golpe, deu expressão jurídica a essa concepção moral. A mesma lógica moral e jurídica se manifesta por meio de direito unitário de propriedade, invenção do século XIX que juntou uma série de poderes relacionados ao uso das coisas e os colocou em mãos de um único titular do direito, o proprietário. A propriedade unitária tornou-se mais do que um direito entre outros; serviu de forma exemplar para todo direito. Dentro dos limites estritos e bem demarcados de sua titularidade, o proprietário é livre para agir ao seu bel prazer, com mínima consideração a interesses alheios. A acumulação de propriedade acabou por ser uma alternativa às demandas por solidariedade: reunir coisas, como fez Robinson Crusoé com auxílio de seu fiel servo em sua ilha distante, tornou-se uma alternativa a depender de pessoas. Tal era o estado de coisas adequado a uma sociedade que apostou na universalização das relações entre estranhos.

Com sua ênfase na especialização hierárquica legitimada em nome da propriedade, a produção em massa, como sua antecessora, a manufatura mecanizada, concedeu ampla discricionariedade àqueles que, na condição de representantes do capital, supervisionavam a produção. Ao minimizar a margem de manobra discricionária permitida ao trabalhador individual ou à equipe, reduziu igualmente a necessidade de confiar no trabalhador assalariado e de depender de relações de confiança entre os próprios trabalhadores.

Em tal mundo econômico, a tensão entre os imperativos da cooperação e da inovação permanece aguda. Toda inovação requer que muitos cooperem, para conceber a inovação e para implementá-la. Mas toda inovação – seja tecnológica, organizacional, institucional ou conceitual – ameaça perturbar o regime de cooperação estabelecido. Ameaça ao trazer incerteza sobre o futuro com relação a direitos e expectativas incorporados sob esses regimes. Provoca disputas entre os grupos afetados quanto às possíveis influências da inovação sobre suas posições relativas. É possível aperfeiçoar o regime cooperativo por meio de iniciativas que diminuam a tensão entre a necessidade de cooperar e de inovar. Por exemplo, pode-se assegurar a cada trabalhador um conjunto de salvaguardas portáveis e universais contra a insegurança econômica e alocar recursos econômicos e educacionais para capacitação. Podemos fazê-lo ao mesmo tempo que ampliamos oportunidades para inovar nos arranjos, assim como nas tecnologias de produção.

A prática de produção intensiva em conhecimento viceja sob inovação contínua ao invés de simplesmente episódica. Consequentemente, necessita de mais do que baixos níveis gerais de confiança. A subversão da distinção rígida entre responsabilidades de execução e de supervisão que acarreta exige maior autonomia decisória e confiança recíproca, não apenas entre chefes e subalternos, mas também entre os trabalhadores da base. Ela resiste à divisão entre cooperação e concorrência como domínios distintos de ação e, ao contrário, baseia-se na concorrência cooperativa – mistura fluida de cooperação e competição – dentro das empresas e também entre elas.

Essas observações sugerem que entre as bases da economia do conhecimento está uma acumulação de capital social – densidade de associação – e um abrandamento da tensão entre a disposição para cooperar e a necessidade de inovar. Argumentarei adiante neste livro que uma reconstrução institucional da economia de mercado – dos arranjos da descentralização econômica – figura entre as condições fundamentais para o avanço do vanguardismo includente. Outro requisito é a mudança no caráter da educação. Mas educação e instituições não são tudo no que tange ao crescimento econômico e ao aprofundamento e à difusão da prática de produção mais avançada. A capacidade de cooperar desempenha papel distinto e importante. De onde ela vem? Devemos considerá-la um dado bruto ou podemos influenciar sua evolução? Vários países testaram arcabouços institucionais variados para a economia e malograram em todos eles. Outros países mostraram-se capazes de manter níveis elevados de cooperação enquanto transformavam – se não por compromisso com o experimentalismo institucional, por força de urgência nacional – suas instituições econômicas. Durante a Segunda Guerra Mundial, os Estados Unidos abandonaram, por pressão da necessidade, algumas formas de organização econômica consideradas sacrossantas pela cultura política nacional e passaram a administrar sua economia com meios que eram anátema para essa cultura. Porém, a disposição para cooperar entre classes, senão entre raças, persistiu. Os resultados práticos foram espetaculares. A combinação de mobilização massiva de recursos físicos, financeiros e humanos com intensa – e não teorizada – inovação institucional levou à duplicação do PIB em quatro anos – um resultado nunca visto, antes ou depois, na história daquele país. Na guerra como na paz, os níveis de capital social e a disposição cooperativa continuam sendo a chave para o êxito mundano, seja militar ou econômico. Por pretenderem ser algo que não eram – uma sociedade sem classes – os norte-americanos foram acanhados no enfrentamento de longo prazo das desigualdades arraigadas que acabaram por impedir que levassem suas práticas cooperativas a um nível ainda mais elevado. Entretanto, esse autoengano pode bem ter servido, no curto prazo, para induzi-los a cooperar, passando por cima de divisões de classe que não queriam ou que não eram capazes de reconhecer.

Uma das minhas teses aqui é que a base moral da economia do conhecimento não é uma mera circunstância, que pode estar presente ou ausente, ou uma eventualidade além do alcance da ação deliberada e da intenção programática. Onde essa base falta, temos que agir para criá-la.

6 O confinamento da economia do conhecimento: o fato e o enigma

Em todo o mundo a economia do conhecimento permanece restrita a vanguardas insulares: manufatura avançada, serviços intensivos em conhecimento (frequentemente associados com a manufatura avançada) e agricultura científica de precisão. Mesmo onde tenha perdido qualquer conexão privilegiada com a indústria, permaneceu, em cada setor, uma franja. É verdade que a fronteira que separa a economia do conhecimento do restante do sistema de produção mantem-se sempre permeável. Há vazamento para uma faixa circundante de competências e atividades econômicas que sofrem influência da economia do conhecimento. Forças diversas contribuem para esse vazamento.

A promoção de produtos e serviços comercializados pelas empresas da economia do conhecimento exige propagação das habilidades necessárias para usá-los. As tecnologias e práticas da economia do conhecimento avançam graças a sua extensão a novas linhas de produção e novos segmentos de consumo, por meio de um processo de analogia e generalização conhecido da história da ciência. E governos ansiosos para imitar vanguardas estrangeiras e promover suas próprias vanguardas desenvolvem políticas regulatórias abertas à aprendizagem e à experimentação. Tais práticas estimulam a disseminação da economia do conhecimento para sua circunvizinhança no sistema de produção.

Considerando tais impulsos à sua difusão, impressiona ainda mais que a economia do conhecimento tenha permanecido, na maior parte, confinada às franjas nas quais ela prospera e que, consequentemente, o aproveitamento mais amplo de seu potencial e a expressão de seus atributos mais profundos permaneçam aprisionados. De certa forma, como argumentarei na próxima seção, seu confinamento aumentou ao invés de diminuir. O vazamento não se tornou um primeiro passo para a elevação das práticas e capacidades produtivas no conjunto da economia. Pode, contudo, tornar-se um passo – elemento do ponto de partida do movimento em direção a forma aprofundada e disseminada do novo estilo de produção. Não servirá espontaneamente como passo inicial. Devemos atuar para criar esse futuro alternativo. Para criá-lo, precisamos ser capazes de imaginá-lo. Enquanto isso, a construção de economia do conhecimento includente continuará a ser alvo remoto.

Sua aparição sob a forma de um vanguardismo ilhado perdura tanto no tempo que somos tentados a tratar essa quarentena como se fosse natural, como se não exigisse elucidação. Não há, porém, nada natural quanto a ela. A manufatura mecanizada e a produção industrial em massa rapidamente influenciaram a transformação de todas as partes da economia, com a notável exceção dos pequenos empreendimentos tradicionais, que foram impedidos, por sua escala limitada, de assimilar os procedimentos e tecnologias dependentes de escala da produção em massa.

Ao contrário das práticas avançadas de produção anteriores, a economia do conhecimento não tem ligação intrínseca com qualquer setor específico da produção. Sua capacidade de produzir bens e produtos em quase qualquer escala, possibilitada por suas tecnologias características, pode abrir para ela o universo das pequenas empresas, desde que esse mundo não permaneça vedado a ela por outras razões. No entanto, seu confinamento às vanguardas insulares tem persistido teimosamente.

A economia do conhecimento não escapou apenas da restrição à indústria sem evitar a insularidade, ela também contornou uma associação exclusiva com as economias mais ricas do mundo sem atingir uma presença ampliada, abrangendo o conjunto da economia, em qualquer delas. No apogeu da industrialização convencional, o eixo da divisão internacional do trabalho – e o tópico central de análise na teoria do comércio internacional – eram as trocas entre as economias intensivas em capital e as intensivas em trabalho. A prática mais avançada – produção industrial em massa – ficou aquartelada nas economias mais ricas, enquanto a produção mais primitiva e intensiva em trabalho restou às demais, a vasta periferia do mundo em desenvolvimento.

O surgimento da nova prática avançada de produção coincidiu com uma mudança surpreendente na divisão mundial do trabalho. Hoje a prática mais avançada de produção encontra seu ponto de apoio em todas as maiores economias do mundo, nos maiores países em desenvolvimento (como China, Índia e Brasil) como também nas economias mais ricas. As partes avançadas dessas economias estão, em maior ou menor grau, em comunhão direta umas com as outras, trocando pessoas, processos e ideias, assim como tecnologias e recursos. De fato, a rede constituída por essas vanguardas tem mais direito do que qualquer outro conjunto de agentes econômicos de ser considerada a força decisiva na economia mundial. Comparada a ela, a finança internacional não passa de força subsidiária.

A presença mundial da economia do conhecimento, manifesta na nova divisão internacional do trabalho, agrava o enigma representado por seu aprisionamento nas franjas às quais hoje encontra-se restrita. Está presente em todas as grandes economias, bem como em todas as partes delas. Porém, mantém-se como prerrogativa de uma elite. Nessas circunstâncias, as tendências relacionadas ao confinamento da economia do conhecimento trabalham a favor da estagnação econômica e do agravamento da desigualdade econômica. São parte do preço a pagar pelo confinamento da economia do conhecimento

7 Pseudovanguardismo e hiperinsularidade

Cuidemos para não confundir a economia do conhecimento insular com aquilo que chamarei de pseudovanguardismo: a existência de amplo conjunto de empresas que fazem uso das tecnologias mais comumente associadas com a economia do conhecimento – especialmente as tecnologias de informação e comunicação – sem no entanto controlar e implantar a prática mais avançada de produção: seja em sua forma superficial, que descrevi no nível da gestão e da engenharia de produção, seja em seus traços mais fundamentais, que se revelam somente quando ela se aprofunda e se difunde.

A oportunidade típica para o pseudovanguardismo tem sido a adoção de tecnologias digitais para gerenciar informação complexa – por exemplo, a informação com a qual um grande varejista como Walmart deve lidar. Ao gerenciar a informação mais efetivamente, essas empresas têm sido capazes de implementar práticas de aumento da eficiência e poupadoras de recursos como a reposição "just in time" de estoques. Sua enorme escala dá a elas vantagem decisiva no gerenciamento dos custos fixos do aparato tecnológico necessário. O uso bem-sucedido desse aparato, por sua vez, faz com que se tornem ainda maiores, consolidando sua posição no mercado. Porém, nenhuma dessas iniciativas foi capaz de converter tais megaempresas em expoentes da economia do conhecimento. O pseudovanguardismo faz a prática avançada produção, intensiva em conhecimento, parecer mais disseminada do que é.

A economia do conhecimento real permanece prisioneira de círculo estreito. Os incentivos à conquista do lucro e de poder de mercado reforçam esse aprisionamento. As grandes empresas globais que dominam a economia do conhecimento encontram formas de terceirizar partes do seu processo produtivo que possam ser rotinizadas e comoditizadas. Elas delegam essas tarefas rotinizadas a empresas de trabalho semiqualificado, operando com métodos da produção em massa convencional, em partes do mundo distantes de suas sedes. Algumas firmas avançadas chegam a ser "sem fabricação própria", evitando o mais possível a propriedade de grandes unidades produtivas (fábricas) e qualquer compromisso com a força de trabalho estável que essas fábricas tradicionalmente demandam.

O vanguardismo genuíno permanece, então, restrito a um pequeno círculo de empresários, gerentes e técnicos – uma elite do capital e do conhecimento – livre dos enredamentos sociais da produção padronizada e em grande escala, o fordismo industrial. A terceirização, ou, mais geralmente, redes descentralizadas de arranjos contratuais, com outras firmas, em outros países, sob diferentes regras, substitui a internacionalização do processo de trabalho em base doméstica. A parte do leão nos ganhos é realizada como valorização para os acionistas da empresa matriz, bem como sob a forma de benefícios indiretos e opções de participação acionária para uma elite de trabalhadores superqualificados e administradores. A contrapartida da disseminação ilusória da prática mais avançada pelo pseudovanguardismo é a hiperinsularidade do vanguardismo genuíno. As empresas avançadas escudam-se sob relações contratuais distantes com firmas que se dispõem a fabricar qualquer objeto material que possam vender. Por exemplo, algumas poucas centenas de pessoas na Califórnia delegam para milhares de pessoas na China a execução de partes rotinizadas de seu plano de produção. O vanguardismo hiperinsular é a forma autêntica porém miniaturizada da economia do conhecimento. O pseudovanguardismo é sua grande e ilusória sombra. A coexistência do vanguardismo hiperinsular com o pseudovanguardismo é acompanhada por duas tendências que são mais do que circunstancialmente ligadas. Trazem mais estagnação econômica e desigualdade em seu rastro. A primeira é a posição dominante conquistada pelos oligopólios globais. A segunda é o abandono de uma parcela cada vez maior da força de trabalho ao emprego precário, tanto nas economias ricas quanto nas dos países em desenvolvimento. O resultado tem sido o aumento da participação do capital em detrimento do trabalho na repartição da renda nacional, exceto pelo trabalho executado nos recônditos do vanguardismo hiperinsular e da elite empresarial e tecnológica que o controla.

Tanto o pseudovanguardismo (por exemplo, as Walmarts da vida) e o vanguardismo hiperinsular (por exemplo, as Alphabets e Qualcomns do mundo) têm como marca a grande escala e a competição imperfeita. Em razão de ambas e pela capacidade de empregar de forma mais eficiente os custos fixos de investimento nos equipamentos mais avançados, a megaempresa leva vantagem sobre seus rivais menores. Entretanto, as empresas insulares hiperavançadas – a encarnação genuína da vanguarda da economia do conhecimento – beneficiam-se de três impulsos adicionais para evitar competição efetiva. Os primeiros dois são tangíveis mas limitados em escopo e alcance. O terceiro é relativamente intangível, porém rico em consequências de longo alcance.

O primeiro impulso à expansão e ao oligopólio consiste no efeito de plataforma do tipo de negócios das megaempresas da economia do conhecimento hiperinsular. Ao contrário até mesmo das maiores firmas da pseudovanguarda, esses empreendimentos vendem produtos somente como partes de plataformas ou de ecossistemas, associando uma pluralidade de bens e serviços uns com os outros. Quanto maior a plataforma e maior o número de integrantes maior o apelo para os novos consumidores, devido às opções mais variadas e completas que a plataforma oferece aos seus participantes.

O segundo impulso é a vantagem de que desfrutam as megaempresas da economia do conhecimento genuína para atrair talento técnico. Aos benefícios materiais que resultam do fato de se trabalhar em uma megaempresa, que controla imensos montantes de capital líquido, acresce o apelo de trabalhar em uma organização que opera na fronteira da evolução tecnológica. Para ter sucesso, essas firmas devem parecer laboratórios; o jovem tecnólogo ou empreendedor de vanguarda, o jovem cientista, quer pertencer a uma equipe que esteja em dia com o trabalho mais avançado em seu campo.

O terceiro impulso pode parecer, à primeira vista, prosaico e superficial: lidar com produtos e serviços cujo custo de reprodução para o próximo consumidor é próximo do custo marginal zero. Uma operação instantânea e quase sem custo é suficiente para introduzir o consumidor à plataforma e dar a ele acesso aos seus vários produtos e serviços. Ele pagará, portanto, por algo que não imporá qualquer custo adicional para a megaempresa. Ao aumentar o número da população usuária, pode contribuir para tornar a plataforma mais valiosa para usuários atuais e futuros. Esse fato corriqueiro pode significar mais do que aparenta à primeira vista; é uma das muitas consequências de uma das mais profundas características da economia do conhecimento: sua promessa de reduzir ou reverter a restrição dos retornos marginais decrescentes.

8 Emprego precário

A outra tendência que acompanha o par pseudovanguardismo e vanguardismo hiperinsular é a degeneração, em detrimento do trabalho, da relação entre trabalho e capital. Uma das mais persistentes doutrinas em economia é aquela segundo a qual os retornos do trabalho – o salário real – não podem crescer de forma sustentada acima do crescimento da produtividade. Esse dogma contém um resíduo de verdade: aumento dos retornos do trabalho gerado por um aumento compulsório dos retornos do trabalho tende a ser anulado pela inflação. À parte essas considerações, porém, sabemos que o dogma deve ser falso, pois se compararmos economias em níveis semelhantes de desenvolvimento e controle para diferentes dotações de fatores (especialmente densidade populacional e riqueza em recursos naturais) veremos que há grande disparidade nos retornos do trabalho. Como pode ter surgido essa disparidade?

O elemento diferencial reside nos arranjos institucionais juridicamente definidos que podem fortalecer ou debilitar o trabalho em relação ao capital. Tais arranjos estabelecem os termos sob os quais se recruta o trabalho para a produção. O crescimento econômico requer superações constantes dos limites tanto da oferta quanto da demanda. As formas mais efetivas e duradouras de superação das restrições da demanda são aquelas que influenciam e distribuição primária das vantagens econômicas, em vez de tentar corrigir retrospectivamente a distribuição por meio de impostos e transferências, tributação progressiva e direitos sociais redistributivos. Entre os arranjos que modelam a distribuição primária da vantagens econômicas, estão aqueles que definem a posição jurídica do trabalho com relação ao capital (direito contratual, corporativo e trabalhista) e aqueles que definem os termos do acesso descentralizado aos recursos e oportunidades de produção (regime de propriedade).

Um modo de fortalecer ou enfraquecer o trabalho em relação ao capital é consistente se tiver base na prática de produção mais avançada. As formas de organização e representação do trabalho que prevaleceram no século XX tinham tal base. A abordagem predominante à organização e representação do trabalho no mundo rico do Atlântico Norte e seus correlatos era o regime legal contratualista baseado na negociação coletiva: a negociação coletiva possibilitava sustentar a facticidade do contrato no contexto desigual da relação de emprego, graças ao "poder compensatório" que assegurava ao trabalho organizado. Na América Latina, surgiu um direito trabalhista alternativo, corporativista: os trabalhadores (na economia formal, legal, que frequentemente representava metade ou menos na força de trabalho) foram automaticamente sindicalizados, de acordo com o setor da economia e sob tutela do Ministério do Trabalho. Tanto o regime contratualista como o corporativista tinham como contexto econômico a produção industrial em massa, com sua agregação característica de mão de obra estável em unidades de produção bem definidas (fábricas e outras) sob controle de corporações empresariais.

A emergência da economia do conhecimento insular não substituiu a produção industrial em massa por uma prática produtiva avançada igualmente capaz de se estender ao conjunto da economia. Faz parte de uma realidade em que a produção em massa tradicional declina e seu compromisso com uma força de trabalho estável deixa de ter um fundamento econômico sólido. As corporações perscrutam o mundo em busca de trabalho mais barato, compromissos trabalhistas mais frouxos e vantagens fiscais (arbitragem trabalhista e fiscal). A economia do conhecimento insular e as empresas não vanguardistas ao redor do mundo para as quais ela terceiriza trabalho sob arranjos contratuais instáveis ajudam a dissolver a base econômica sobre as quais tanto o regime contratualista quanto o corporativista repousavam.

O que parecia ser a forma natural de representação e proteção ao trabalho pode, em retrospecto, tornar-se apenas um interlúdio relativamente breve entre dois períodos em que o trabalho é organizado primariamente por meio de arranjos contratuais descentralizados, sem segurança econômica ou cidadania. Antes da produção industrial padronizada em grande escala (fordismo industrial) e dos regimes de direito do trabalho contratualista e corporativista, havia o sistema da produção domiciliar contratada (*putting-out system*) que Marx descreveu nas partes iniciais de *O Capital*. Agora, no rastro do declínio da produção em massa e de sua ultrapassagem por uma nova prática de produção avançada, porém excludente – o vanguardismo insular ou hiperinsular da forma estabelecida da economia do conhecimento –, novo *putting-out system* surge em escala global. Muitos empregos da produção padronizada em grande escala são terceirizados para empresas que pagam salários baixos em países mais pobres. Outros são substituídos por trabalho parcial e temporário, especialmente no setor de serviços. Na ausência de um regime jurídico alternativo para representação e proteção do trabalho e, mais fundamentalmente, de iniciativas que apontem na direção de um vanguardismo includente, o trabalho fica desprotegido e cai sua participação na renda nacional.

As respostas até agora oferecidas aos desenvolvimentos gêmeos que acompanham o surgimento do vanguardismo hiperinsular e do pseudovanguardismo – o controle de ambos por oligopólios anticompetitivos e o abandono de uma parte crescente da força de trabalho ao emprego precário – são completamente inadequadas. Funcionariam somente no bojo de uma transformação maior e muito mais ampla. Até hoje, uma tal transformação não foi imaginada, muito menos implementada.

Considerem o recurso à legislação antitruste como possível resposta à dominação da economia do conhecimento, em sua forma atual, por oligopólios acompanhados de uma circunvizinhança pouco ameaçadora de *start-ups*. As condições factuais que permitiriam a aplicação de uma lei antitruste encontram-se invariavelmente ausentes: por exemplo, supressão da concorrência em um mercado bem demarcado, para produtos determinados e com efeito mensurável sobre os preços. Suponham que a legislação antitruste seja emendada ou aperfeiçoada para se adequar à nova circunstância da economia do conhecimento. A legislação revisada seria insuficiente para reverter as forças combinadas e cumulativas, enumeradas acima, que proporcionam vantagens decisivas a um pequeno número de empresas globais na combinação de hiperinsularidade e oligopólio. Essas mudanças na legislação antitruste funcionariam somente como parte de transformações de mais longo alcance na arquitetura legal e institucional de economia de mercado.

Tais inovações começariam pela ampliação do acesso aos meios para a adesão à economia do conhecimento: capital, tecnologia avançada e prática avançada. Continuariam por meio da criação de novas formas de parceria entre governos e empresas emergentes, assim como de práticas de concorrência cooperativa entre eles. E culminariam na experimentação pluralista com relação ao regime básico de propriedade: as formas e os termos pelos quais as pessoas podem mobilizar o capital acumulado da sociedade e fazer uso de recursos produtivos e oportunidades. É sequência que exemplifica os elementos jurídicos e institucionais para o avanço de um vanguardismo includente como sucessor da forma atual confinada da economia do conhecimento.

De maneira análoga, tome-se a "flexseguridade" – o experimento escandinavo de desenvolvimento de salvaguardas que combinam preservação da segurança com investimento em capacitação para todos os trabalhadores cidadãos, universalmente portáveis e independentes de vínculo com qualquer emprego específico. As garantias e dotações andam junto com o trabalhador, de emprego a emprego. Alguns desses arranjos devem ser parte de qualquer resposta efetiva à insegurança empregatícia sob a nova realidade produtiva. Sua adoção em maior escala demonstraria que flexibilidade e segurança não precisam ser inversamente relacionadas. Resultaria regime capaz de atenuar a tensão entre inovação e cooperação. Contudo, assim como as medidas antitruste em relação à cartelização do conhecimento, não podem representar mais do que fragmento da resposta adequada.

O antídoto mais potente, do qual essas iniciativas formariam parte, exigiria a criação de um outro regime de direito do trabalho ao lado do direito do trabalho estabelecido, desenhado para uma economia que está deixando de existir. Esse novo regime seria projetado especificamente para assegurar que flexibilidade no mercado de trabalho não servisse como eufemismo para insegurança econômica radical. Um de seus princípios seria a adoção de uma escala ajustável, de forma que quanto mais o trabalho precário fosse organizado e representado, com auxílio das tecnologias de comunicação e práticas da economia do conhecimento, menos se torne necessária intervenção legal direta para proteção do trabalhador precário. Inversamente, quanto menos se organizasse e representasse o trabalho precário, maior seria a necessidade de proteção legal direta do trabahador. Outro princípio que contribuiria para o conteúdo de tal proteção seria a exigência legal de neutralidade de preço na escolha entre emprego estável e emprego em tempo parcial ou por tarefa no caso de trabalhos similares: o trabalhador por contrato parcial teria que ser pago no mínimo por valor idêntico ao do empregado estável, por trabalho análogo, garantindo assim que a flexibilização não sirvisse como pretexto ou desculpa para aviltar o salário e reduzir a participação do trabalho na renda nacional.

Em estágios posteriores de evolução desse regime jurídico alternativo, mudanças no direito do trabalho dariam nova vida e novo significado à crença, partilhada por socialistas e liberais do século XIX (de Karl Marx a John Stuart Mill), de que o trabalho assalariado economicamente dependente é forma imperfeita e transitória de trabalho livre. Retém algumas das características da servidão e da escravidão. Daria lugar, no futuro, a formas mais elevadas de trabalho livre – autoemprego e cooperação – cuja relegação a condição subordinada ou periférica somente começou a parecer natural e necessária no final do século XIX. Os arranjos institucionais e o direito privado de uma variante inclusiva da economia do conhecimento reviveria e reinterpretaria esse ideal do século XIX, reinventando-o e remodelando-o à luz das condições do século XXI.

Um vanguardismo includente é a única resposta adequada às tendências ameaçadores que acompanham a ascensão da economia do conhecimento em sua forma atual: globalizada porém insular.

9 O confinamento da economia do conhecimento: consequências para a estagnação econômica e a desigualdade

O confinamento da economia do conhecimento traz consequências graves para a economia e para a sociedade. Hoje, tornou-se a mais importante causa tanto da estagnação econômica quanto do agravamento da desigualdade. Superar o confinamento avançando em direção a um vanguardismo includente equivaleria a retomar o crescimento acelerado e começar a corrigir as fontes da desigualdade extrema na segmentação hierárquica da economia.

A prática de produção mais avançada pode não ser a mais eficiente em suas formas iniciais. Porém, é aquela com melhor chance de alcançar e manter-se na fronteira da produtividade. Aquiescer com seu confinamento a franjas nos vários setores da economia é sonegar à vasta maioria dos trabalhadores e empresas o nível de produtividade que nossas realizações técnicas já tornaram possível mas nossos arranjos econômicos e sociais não permitem tornar acessíveis para a maioria.

Além disso, a prática de produção mais avançada é historicamente aquela com maior capacidade de inspirar imitação e transformação no restante da economia. Tratá-la como prerrogativa de uma elite tecnológica e empresarial equivale a privar o resto da economia de sua maior fonte potencial de direção e inspiração. É como se tivéssemos desengatado a locomotiva do resto do comboio. A consequência dessa falha é mais alarmante e desmoralizante, uma vez que – como ocorre na economia do conhecimento – a prática mais avançada não possui relação intrínseca com nenhum setor particular da economia e ocupa, de fato, posição segura em muitos deles, ainda que sempre sob a forma de uma franja.

Uma das maneiras mais significativas e menos óbvias pelas quais o confinamento contribui para a estagnação é por seus efeitos sobre a própria vanguarda, incluindo as partes do sistema produtivo e da força de trabalho em que o vanguardismo prospera. Se é verdade que a prática de produção se desenvolve e se revela somente à medida que se adapta a um leque amplo de circunstâncias, então a forma insulada da prática tenderá também a ser mal compreendida inclusive por seus próprios agentes e beneficiários. Será facilmente tomada por suas características mais superficiais ou acidentais, como aquelas que distinguem as indústrias de alta tecnologia e as regiões em que elas inicialmente surgiram. Ao contrário da produção padronizada em grande escala (fordismo industrial) antes dela, falta-lhe uma teoria ou doutrina que lhe dê uma forma canônica e um significado amplamente aceito. Será ao mesmo tempo chamativa e obscura.

As consequências para a desigualdade não são menos significativas. A insularidade da economia do conhecimento, com sua escassez relativa de empregos, aprofunda a segmentação hierárquica da economia. Uma proporção crescente de riqueza é produzida por uma parte cada vez menor da força de trabalho. O fenômeno que descrevi como hiperinsularidade agrava essa tendência. A estrutura ocupacional associada à produção em massa e suas contrapartes no setor de serviços foi fendida em dois pedaços. A parte maior é composta por empregos de baixa remuneração em serviços ofertados no mercado doméstico e no trabalho em manufaturas convencionais em países com mão de obra mais barata e impostos mais baixos. Pertence à parte menor o pequeno número de posições privilegiadas albergadas nos recônditos da economia do conhecimento genuína e exclusivista. No rastro do declínio contínuo da produção em massa, em todas as economias exceto aquelas que oferecem os menores retornos ao trabalho e ao Estado, a resultante é o que vem sendo descrito como "esvaziamento do nível intermediário da estrutura ocupacional."

Imposto progressivo e gasto social redistribuidor podem ser efetivos na mitigação de desigualdades geradas pelos arranjos estabelecidos da economia de mercado, desde que a desigualdade não se torne muito extremada. A partir de um certo limiar difícil de estabelecer, as realidades estruturais se sobrepõem às medidas compensatórias. A redistribuição corretiva, seja pela via do aumento da arrecadação (tributação progressiva) ou pela via da despesa (transferências e direitos sociais redistributivos), precisaria se tornar massiva para compensar as imensas desigualdades geradas pela cisão entre vanguardas e retaguardas do sistema produtivo.

Muito antes de chegar a esse ponto, a redistribuição compensatória começa a colidir com as instituições econômicas e o sistema de incentivos estabelecidos, passando a cobrar seu preço do crescimento futuro, o que seria – e é – visto amplamente como intolerável. Uma coisa é a tributação progressiva – um dos lados da redistribuição compensatória – estender a lógica dos arranjos estabelecidos; outra coisa diferente é contradizer essa lógica. Nesse último papel, humanizador, ela pode fazer uma diferença decisiva, mas ao preço de deteriorar os resultados de mercado e desorganizar a economia.

Não surpreende que nunca se permita que chegue tão longe. É interrompida muito antes.

**

A rota mais promissora para a organização de um tipo diferente de economia de mercado será aquela que gere menos desigualdade e distribua mais amplamente apoio, instrumentos, capacitações e oportunidades. Uma tributação elevada será necessária para financiar o Estado que uma tal reconstrução da economia de mercado exige: um Estado apto a investir nas pessoas e em sua capacitação tanto quanto em infraestrutura física de produção, patrocinar inovações tecnológicas mais custosas e radicais formando parcerias, para esse fim, com empresas privadas estabelecidas ou emergentes em troca de participações futuras.

Raciocínio semelhante se aplica ao outro lado da redistribuição compensatória: direitos sociais e transferências. Serão sempre insuficientes para compensar as enormes desigualdades radicadas no cisma entre as partes avançada e atrasada do sistema de produção. Seu emprego mais efetivo e convincente é de ordem distinta: podem prestar um grande serviço formando pessoas que sejam suficientemente destemidas e capazes de se tornar agentes de uma ordem de mercado alternativa. Assim, a grande realização histórica da social-democracia do século XX foi seu investimento massivo nas pessoas e em suas capacidades, paradoxalmente financiada pela tributação indireta e regressiva do consumo.

Se nosso objetivo for conectar a lógica do crescimento econômico com um movimento em direção à inclusão e maior igualdade de oportunidades, capacitações e apoios, o melhor caminho para alcançá-lo não é o da correção pós-fato – o esforço para humanizar uma ordem econômica que desistimos de reimaginar e remodelar. É reimaginar e remodelar essa ordem. Em vez da substituição total e fantasiosa do regime econômico estabelecido por uma alternativa pronta imaginária, precisamos de mudança estrutural cumulativa, construída pedaço por pedaço e passo a passo. Em um tal esforço, nenhuma tarefa é mais importante do que enfrentar os efeitos, que agravam a desigualdade, do confinamento atual da prática de produção mais avançada.

Três proposições sumarizam e oferecem uma explicação inicial da experiência fiscal comparada das economias mais ricas da atualidade em relação à desigualdade. Embora sejam relativamente simples e diretas, apoiadas em uma longa e densa experiência, em um amplo espectro de circunstâncias diferentes, elas permanecem em grande parte alheias ao discurso da social-democracia e do social-liberalismo – os projetos mais característicos das elites governantes dos países do Atlântico Norte na momento presente.

A primeira proposição sustenta que as iniciativas capazes de influenciar os arranjos institucionais que organizam o acesso a oportunidades e capacidades econômicas e educacionais, e consequentemente definem a distribuição primária das vantagens, são as mais importantes para o futuro da desigualdade. Elas ultrapassam tudo que possa ser obtido por meio da redistribuição pós-fato com base em tributação progressiva ou direitos e transferências redistributivas. Hoje, o principal *locus* de disputa com relação às raízes da desigualdade nos arranjos econômicos é a luta em torno do futuro da prática mais avançada, intensiva em conhecimento, de produção: se permanecerá confinada a vanguardas insulares, como província de uma elite empresarial e tecnológica, ou se imprimirá suas marcas na economia como um todo.

A forma de organização econômica e social mais admirada tem sido a social-democracia escandinava. Se o mundo pudesse votar, votaria para se tornar sueco – uma Suécia imaginária mais do que o país real. Muitos associam a humanização da ordem de mercado por meio da redistribuição compensatória com essa Suécia imaginária e esquecem que essa humanização com base em direitos sociais e econômicos foi precedida por muitas décadas de guerra ideológica e de classes em torno dos interesses da plutocracia e do poder de Estado. Esse conflito terminou em acordo entre a plutocracia dinástica do país e os compromissos regulatórios e redistributivos dos humanizadores socialdemocratas. O mundo gostaria de fruir o resultado sem ter que reviver a narrativa precedente. E falha em reconhecer os limites de uma agenda que tem por ambição primordial reconciliar a proteção social estilo europeu com flexibilidade econômica estilo americano, nos marcos de uma versão mal ajustada da herança organizacional da economia de mercado e da política democrática.

Tal programa é incapaz de oferecer antídoto adequado para as desigualdades assentadas na divisão da economia entre a economia do conhecimento insular, as irrecuperáveis indústrias de produção em massa e o pequeno negócio antiquado e tradicional. Não pode oferecer uma base suficiente para a coesão social, uma vez que a heterogeneidade étnica e cultural expôs a debilidade das transferências monetárias governamentais para fornecer o cimento social perdido. E é impotente para criar uma forma de vida política sob a democracia que dispense crises econômicas ou militares como condições de possibilidade de mudança estrutural.

A segunda proposição inferida da experiência fiscal contemporânea em relação à desigualdade afirma que a tributação e o gasto social podem ter um papel importante porém subsidiário. Contudo, ao menos em curto e médio prazo, o mais determinante com relação ao regime de tributação não é o seu perfil progressivo do lado da receita, mas sim o nível agregado de imposto arrecadado e a forma como ele é gasto. O que se perde com a redistribuição progressiva do lado da receita pode ser ganho em dobro do lado da despesa.

Nas circunstâncias de muitas sociedades contemporâneas, a taxação indireta e regressiva do consumo, especialmente através de imposto sobre o valor agregado global, pode ser a melhor forma para sustentar um nível elevado de arrecadação, que pode ser usado para financiar um padrão também elevado de direitos sociais. A razão para tal fato não é complicada. Talvez seja por demais paradoxal para ser palatável ao discurso progressista convencional. O imposto sobre valor agregado é, por definição, o tributo mais neutro em termos de influência sobre os preços relativos. Desde que não seja contaminado por exceções que subvertam essa neutralidade, ele garante ao governo uma proporção constante do valor da transformação de qualquer insumo ou fator em qualquer produto ou resultado no processo de produção. Consequentemente, torna possível elevar ao máximo a receita com o mínimo de perturbação sobre a economia. Grande parte desses recursos pode ser destinada ao investimento social redistributivo, mais do que compensar o que foi perdido por meio da equalização da redistribuição, no lado da receita. Os supostos progressistas na política contemporânea costumam deixar de reconhecer a primazia da mudança estrutural sobre a redistribuição compensatória. Favorecem, geralmente, a piedade progressista em detrimento dos efeitos transformadores, mesmo em seu terreno preferido: impostos e transferências.

A terceira proposição sustenta que no longo prazo é possível obter efeitos redistributivos, subsidiários tanto da mudança estrutural (primeira proposição) quanto da manutenção de receitas fiscais elevadas, mesmo se baseadas em tributação regressiva (segunda proposição), uma vez que projetemos o sistema tributário com um entendimento adequado da relação entre instrumentos de tributação e metas redistributivas.

O primeiro alvo da tributação progressiva é a hierarquia dos padrões de vida, resultante da renda e riqueza que cada indivíduo retira dos recursos da sociedade para gastar consigo mesmo. O instrumento fiscal mais adequado para atingir esse alvo é um imposto sobre o consumo individual.

Um tal tributo (pela primeira vez teorizado pelo discípulo de Keynes Nicholas Kaldor e às vezes chamado imposto Kaldor) recairia, em escala fortemente progressiva, sobre a diferença entre a renda total do indivíduo (inclusive retornos de capital) e seus gastos pessoais. Não há dificuldades técnicas na administração desse imposto maiores do que as dificuldades presentes na tributação convencional da renda individual. Apresenta, no entanto, duas vantagens sobre o imposto de renda individual. Atinge diretamente o alvo dos padrões de vida desiguais, enquanto o imposto de renda é um instrumento tão brusco quanto confuso. Além disso, permite uma alíquota marginal superior que pode ser tão elevada quanto a vontade política e o poder possibilitem; cem por cento não precisa ser seu teto.

Abaixo de um certo limite de gasto pessoal, o indivíduo poderia receber mais do que pagar. Acima desse limite, ele pagaria em escala crescente. E a partir de um certo nível de consumo de luxo, por cada real gasto consigo mesmo, teria que pagar vários reais ao Estado. Se os progressistas fossem tão esclarecidos quanto sinceros em sua devoção ao uso redistributivo da tributação, este seria o seu imposto preferido. Seria preferível em um terceiro nível de sua concepção sobre compensação das desigualdades, depois que fosse garantida prioridade à mudança estrutural sobre a distribuição compensatória, para, então, a propósito dessa última, reconhecer a prioridade do nível agregado da receita fiscal e da forma como ela é gasta em relação ao perfil progressivo do sistema tributário.

O alvo secundário da tributação progressiva é o exercício do poder econômico, obtido pela acumulação de riqueza e sua transmissão hereditária, pós-morte ou por meio de doações em vida. Esse alvo é secundário, não por ser menos importante, mas porque há relativamente pouca oportunidade para atingi-lo por meio da tributação. Um imposto sobre a riqueza teria que ser massivo e causaria grande disrupção econômica antes que pudesse alterar a distribuição atual de ativos. Sua melhor possibilidade seria influenciar essa distribuição ao longo do tempo, através da taxação da herança efetiva ou antecipada. Pois o exercício do poder econômico, mais do que a hierarquia dos padrões de vida, a inovação institucional nos arranjos da economia e a ampliação do acesso a oportunidades e capacitações, acaba prevalecendo sobre tudo que possamos esperar conquistar pós-fato através da tributação progressiva e do gasto social. As mais importantes entre essas inovações são as que ampliam ou restringem o acesso à prática de produção mais avançada.

A redistribuição progressiva por meio de tributação e gasto social tem sido usada frequentemente como suplente da mudança estrutural. A mudança estrutural, por sua vez, tem sido posta sob a forma da substituição de um sistema econômico indivisível por outro. Tal substituição é ordinariamente inacessível pela via da política ou das políticas (exceto nas circunstâncias favoráveis de uma grande crise). Se fosse acessível, seria temida e considerada perigosa.

Um dos objetivos deste livro é ajudar a trazer a visão da mudança estrutural de volta para a terra. As mudanças de que mais necessitamos são inovações parciais e graduais, embora cumulativas e, em seus passos futuros, radicais, que nos conduziriam de uma forma confinada a uma forma includente da economia do conhecimento. A exploração dessas mudanças é o tema principal do resto deste livro.

O confinamento da economia do conhecimento às vanguardas insulares sabota o crescimento econômico e agrava a desigualdade. Nenhuma resposta adequada aos problemas da estagnação e desigualdade pode ignorar sua origem no distanciamento entre vanguarda e o resto. A perda de oportunidades que nos é infligida pelo vanguardismo insular não se resume, porém, aos custos da estagnação e à iniquidade da desvantagem econômica. Somos diminuídos, bem como empobrecidos e tornados mais desiguais por nossa incapacidade de dar uma forma mais abrangente, para o conjunto da economia, à prática de produção mais avançada.

O núcleo da economia do conhecimento, em seu nível mais profundo, é o laço que ele busca e necessita estabelecer entre imaginação e cooperação: a transformação de nossas práticas cooperativas em uma maneira de imaginar juntos. A mudança da cooperação em um modo da imaginação é escassamente perceptível nas formas estabelecidas da prática produtiva avançada; a incapacidade de disseminá-la resulta em uma impossibilidade de aprofundá-la.

Contudo, mesmo nessa existência sob quarentena, a economia do conhecimento já lança sobre seus participantes um grande número de benefícios, tanto morais quanto materiais: o gosto por uma experiência de trabalho que permite mais espaço ao impulso criativo. Ao criar, na realidade prosaica da produção, uma base para a predominância da mente como imaginação sobre a mente como máquina formulaica e modular, ela traz o potencial de fazer-nos maiores. De todos os insultos do vanguardismo confinado prevalecente, nenhum tem mais consequências do que a negação dessa experiência à imensa maioria das pessoas, mesmo nas sociedades mais ricas e escolarizadas do mundo.

As próximas seções deste livro discutem os requisitos do vanguardismo includente – a confiança em uma educação que seja dialética na forma de abordar o corpo de conhecimento recebido e cooperativa em sua configuração social; uma reconstrução da cultura moral da produção que proporcione e demande mais confiança e maior discricionariedade; e sua demanda por pluralismo e experimentação em relação à arquitetura e ao regime legal da ordem de mercado. Esses requisitos são mais do que meios para os fins de disseminação da prática de produção mais avançada para o conjunto da economia e, assim, de seu aprofundamento. São também formas de elevar nossa experiência a um patamar mais elevado de escopo, capacidade e intensidade; um patamar em que deixamos de ser marionetes desafortunadas dos mundos sociais que construímos e habitamos, e conquistamos poder para virar a mesa sobre eles. Devemos nos rebelar contra o vanguardismo insular não somente porque ele nos empobrece e divide, mas também porque nos apequena.

10 O confinamento da economia do conhecimento: começo de uma explicação

Por que a produção experimentalista, intensiva em conhecimento, permanece restrita a franjas avançadas em cada setor da economia, com as consequências para a produtividade e o crescimento econômico, bem como para a desigualdade econômica e fragilização, que venho discutindo? A resposta a essa questão tem imensa importância prática. Ela conduz diretamente ao entendimento do que podemos fazer para promover a causa de uma forma abrangente, ampliada para o conjunto da economia, da prática de produção mais avançada.

A melhor maneira de começar a responder à questão é examinar, por comparação, o que aconteceu na relação entre a prática mais avançada anterior – produção industrial em massa, chamada às vezes também de produção em massa fordista – e a economia como um todo. Podemos descrevê-la como produção em larga escala de bens e serviços padronizados por máquinas e processos de produção rígidos, baseados em mão de obra semiqualificada e relações de trabalho especializadas e hierárquicas. Reunia uma força de trabalho estável em grandes unidades produtivas sob controle de empresas de grande ou médio porte. Requeria de seus trabalhadores movimentos repetitivos, espelhando os movimentos das máquinas com que trabalhavam. Impunha uma divisão rígida entre responsabilidades de supervisão e execução, bem como entre diferentes posições nos processos de execução.

A produção em massa foi possibilitada por uma série de inovações tecnológicas, organizacionais, institucionais e conceituais: por exemplo, máquinas a vapor ou combustão, torno mecânico e conversor siderúrgico; uma forma de organização da divisão técnica do trabalho decalcada da organização militar da época; e um arcabouço normativo que permitia aos gerentes, em nome da propriedade, exercer amplo poder discricionário na direção da força de trabalho e do processo de produção. Inovações eram compreendidas e organizadas como episódios precipitados por eventos no campo da invenção tecnológica e da descoberta científica, no direito e na política, ou mesmo nas finanças, todos externos às rotinas da produção. Traziam consigo a promessa de aumentar a produtividade e a ameaça de perturbar os modelos de negócios estabelecidos e iniciar conflitos em torno da decorrente distribuição dos ganhos e perdas – para diferentes segmentos da força de trabalho e diferentes conjuntos de proprietários de ativos.

Desde seus primórdios e ao longo de sua existência histórica, a produção em massa tem sido associada, sobretudo, a um setor da economia: indústria. Além disso, floresceu principalmente nas economias mais ricas do mundo. A partir delas, disseminou-se para os países em desenvolvimento que buscavam convergência com as economias industriais líderes. Apesar de sua ligação próxima com a indústria, a produção em massa tornou-se modelo, influenciando os demais setores. Essas duas formas de expansão, do centro para as economias em desenvolvimento e da manufatura para os demais setores, podem inicialmente parecer ter pouca relação uma com outra. De fato, porém, a produção em massa tornou-se suscetível à difusão setorial pela mesma razão que favoreceu sua disseminação geográfica.

A produção em massa é formulaica. Baseia-se na repetição e padronização, não somente de produtos, mas também de processos: modos de trabalhar e, mesmo, modos de pensar. Delega a inovação ou disrupção para um agente externo ou, ainda, para uma autoridade superior: o gerente agindo em nome dos proprietários, mesmo se o proprietário é o Estado. Os requisitos para implantá-la e operá-la podem ser bem definidos e exigentes, mas são também limitados e, como seus métodos, estereotipados.

Os requisitos educacionais da produção em massa para a maioria dos trabalhadores comuns são mínimos: disposição para seguir ordens e compreender instruções orais ou escritas, combinada com quaisquer competências físicas que a tarefa especializada destinada ao trabalhador possa exigir. Habilidades mecânicas relacionadas a tarefas, necessárias à operação de máquinas especializadas e rígidas, têm sido o preceito consagrado do treinamento profissional na era da produção em massa. Elas apresentam pouca ou nenhuma demanda por aquisição de capacidades de ordem mais elevada.

Em consequência, o repertório mecânico de habilidades requerido pela produção em massa assemelha-se a um kit que pode ser transportado de um lugar para outro, mesmo distante. Nesse lugar longínquo, ele pode ser considerado confiável para produzir os mesmos resultados, desde que seus requisitos operacionais módicos sejam atendidos. É essa característica que explica o apelo da recomendação central da economia do desenvolvimento clássica: mova pessoas e recursos de qualquer outra parte da economia (especialmente agricultura) para a indústria de produção em massa e um grande aumento do crescimento e da produtividade necessariamente ocorrerá.

A consequência, há muito estudada e enaltecida pela economia do desenvolvimento (porém não mais confiável, hoje, por motivos que discutirei adiante), é a "convergência incondicional" para a elevação da produtividade e crescimento resultante da recomendação segundo a qual deve-se privilegiar a manufatura, em termos de pessoal, recursos e apoio político, mesmo ao custo de invadir o restante da economia. A convergência ao crescimento elevado foi vista como incondicional no sentido de que tem sido recorrente em um amplo leque de países e circunstâncias. Foi limitada, segundo a ortodoxia da economia do desenvolvimento, somente por restrições extremas de ordem educacional e institucional. Mesmo tais restrições, porém, tornaram-se tão modestas quanto elásticas, considerando o quão pouco foi exigido, em termos educacionais, para o surgimento da produção em massa, e quão ralos os requisitos institucionais pareciam ser – segurança para a propriedade privada, um Estado com poder regulatório e capacidade de planejamento, assim como quadros burocráticos que possibilitassem aos governos assimilar as recomendações dos economistas do desenvolvimento.

Esse mesmo caráter estereotipado da produção em massa ajuda a explicar como seu modelo pôde influenciar a reorientação de partes da economia muito distantes da manufatura, em um período da história econômica no qual a distinção entre setores da economia tinha mais força do que tem hoje.

No setor de serviços, o modelo da produção em massa surgiu no contexto daquilo que Max Weber descreveu como "racionalização burocrática", sempre que a provisão de serviços possa ser padronizada e conduzida em larga escala. Essas condições foram preenchidas mais facilmente nos serviços públicos do que na economia de serviços privada. Assim, o modelo predominante dos serviços públicos até hoje tem sido o que poderíamos chamar de fordismo administrativo: provisão de serviços padronizados de baixa qualidade pelo aparato burocrático estatal. Baixa qualidade significa qualidade inferior em comparação com serviços análogos que pessoas com dinheiro podem comprar no mercado. E a única alternativa ao fordismo administrativo tem sido a privatização desses serviços por meio de sua entrega para empresas com fins lucrativos.

A persistência do fordismo administrativo ganhou sobrevida devido à ausência da alternativa mais promissora: a provisão cooperativa, não lucrativa e experimental de serviços público pela sociedade civil independente, capacitada a formar parceria com o Estado. O Estado deveria garantir um mínimo universal a todos – o piso – e impulsionar, na fronteira da prática administrativa, o provimento de serviços mais custosos e complexos – o teto. Na ampla zona intermediária entre o piso e o teto, o Estado deveria preparar, equipar, financiar e coordenar a sociedade civil independente, agindo por intermédio de associações civis ou cooperativas de especialistas, para compartilhar o trabalho de construir pessoas – que é o que o serviço público faz. Essa alternativa representaria, em contraste com o fordismo administrativo, a contrapartida administrativa da economia do conhecimento. Como a economia do conhecimento, ela requer inovação institucional – na organização do Estado e de sua relação com a sociedade civil, em vez de nos arranjos de produção e do mercado.

Na agricultura, a produção em massa mostrou novamente sua influência quando a escala foi associada com padronização de produtos e processos, como ocorre na maior parte do agrobusiness empresarial. Se os produtores rurais, por falta de capital, disposição ou escala, não conseguem adotar o equivalente da produção em massa para a agricultura, as empresas atacadistas com as quais negociam a venda de seus produtos acabam por impô-lo, de uma forma ou de outra. E o risco singular à atividade agrícola – sobreposição de volatilidade de preço e climática com risco financeiro e físico – empurram-nos a adotar práticas que satisfaçam seguradoras e compradores.

Seria preciso um conjunto diferente de arranjos capaz de dar continuidade e reinventar, na primeira parte do século XXI, aquilo que os norte-americanos conquistaram na primeira metade do século XIX: estabelecer uma agricultura tecnicamente avançada com base na competição cooperativa entre produtores e parcerias descentralizadas entre esses últimos e o governo, em nível nacional e local. No século XXI, a nova prática de produção mais avançada surge no campo sob a forma da agricultura científica de precisão, restrita a uma franja de empreendimentos agrícolas de larga escala e seus braços comerciais e financeiros.

A economia do conhecimento não seguiu o mesmo modelo de difusão e influência ampla sobre o conjunto da economia que a prática produtiva mais avançada de seu tempo. Isso por duas razões fundamentais, intimamente ligadas. A primeira razão é que ela não é formulaica: desde seus aspectos mais superficiais até seus atributos mais profundos, ela não pode, como a produção em massa podia, ser reduzida a um estoque de máquinas e processos facilmente portáveis e habilidades facilmente reprodutíveis. Baseia-se na disrupção da rotina e da repetição e introduz a inovação na prática cotidiana da produção. A segunda razão é que seu progresso e sua disseminação profunda dependem de requisitos exigentes, que serão abordados nas próximas seções deste livro. Acidentes históricos felizes podem substituir, eventualmente, o preenchimento desses requisitos. Podem tornar certas regiões e as redes sociais e culturais que nelas se abrigam propícias ao desenvolvimento do vanguardismo insular atual. Por exemplo, observou-se frequentemente que a produção artesanal pré-fordista, com suas tradições de trabalho manual customizado, aprendizagem de ofícios e laços sociais densos na comunidade local, oferece condições favoráveis ao desenvolvimento da economia do conhecimento pós-fordista. De fato, muitas das regiões em que a forma confinada da economia do conhecimento, especialmente empresas de médio porte, prosperou, como a Emília-Romanha na Itália, Baden-Württemberg na Alemanha, e a Catalunha, são locais com extenso passado de produção artesanal.

Onde quer que uma tal sequência histórica ocorra, em contraste uma transformação estrutural mais ampla, guiada por uma visão também mais ampla do potencial da economia do conhecimento, a prática de produção mais avançada existirá somente sob a forma social e geograficamente restrita daquilo que chamei de vanguardismo insular. Seus agentes e beneficiários irão tomá-la por sua forma rasa e circunstancial e permanecerão cúmplices de seu desenvolvimento aprisionado.

Os dois traços da economia do conhecimento que ajudam a explicar por que, ao contrário da manufatura mecanizada e da produção em massa, ela foi tão incapaz de deixar sua marca sobre o conjunto da economia (exceto pelo fato de vender seus produtos para todos, salvo os mais pobres e menos escolarizados) estão diretamente relacionados um ao outro. A economia do conhecimento possui pressupostos exigentes porque não é formulaica. Pode ser não formulaica porque baseia-se nesses pressupostos. Quanto mais desenvolvida e disseminada ela se torna – e seu desenvolvimento e sua difusão são dois lados da mesma transformação –, mais se torna dependente desses condicionantes e a se desenvolver e disseminar por meio de seu preenchimento.

Nas próximas seções, discuto três conjuntos de condições para a disseminação da economia do conhecimento: as condições educacionais e cognitivas, as condições sociais e morais as condições jurídico-institucionais. Essas últimas são as menos familiares, mas são as mais importantes; merecem consideração detida. Irei explorar, então, as mudanças culturais e de consciência, bem como das instituições políticas nas sociedades democráticas, que favoreceriam o preenchimento dessas condições. O que emergirá da discussão sobre esses condicionantes e o contexto cultural e político capaz de satisfazê-los é o esboço de um programa para o avanço do vanguardismo includente.

Um tal programa não deve ser visto como uma fórmula ou um sistema. É uma direção que deve ser compreendida e levada a cabo no espírito daquilo que Trotsky e seus seguidores chamavam de "desenvolvimento desigual e combinado". Podemos avançar em algumas frentes mais rapidamente do que em outras, à medida que as circunstâncias permitam. Encontraremos, então, limites que só poderão ser rompidos avançando em outras frentes. Podemos refinar e revisar nosso entendimento da direção à medida que progredimos:

cada momento em um tal percurso revelará ambiguidades, oportunidades e obstáculos que somente os imprevistos da ação transformadora poderia desvelar.

Como sempre, no debate programático, uma visão da mudança estrutural – de como ela ocorre ou deixa de ocorrer – deve informar as propostas. Não precisamos, e não iremos fazê-lo, apresentar e desenvolver essa visão com o discurso da teoria social e econômica abrangente. Preferimos, de ordinário, avançar por meios fragmentários e reflexões contextualizadas. Mas a preferência por esse tipo de reflexão em vez da teorização sistemática não nos exime do imperativo da clareza em relação à mudança estrutural.

Se nos concentrarmos nos passos iniciais necessários para caminhar na direção escolhida, nossas propostas podem parecer realistas mas triviais. Ao contrário, se imaginarmos os passos muitos movimentos à frente, nossas propostas podem parecer interessantes e inspiradoras, mas somente ao preço de serem utópicas. Quase tudo que se possa propor no atual clima de opinião tende a ser ou trivial ou utópico. Mas não é a moderação ou o extremismo de nossas propostas o que importa; é a trajetória da qual elas fazem parte, sejam mais próximas ou distantes das circunstâncias atuais.

A linguagem da política transformadora em geral prefere combinar os passos iniciais com os mais distantes; é ao mesmo tempo prática e profética. Busca ofertar e solicitar adiantamentos ao reino do adjacente possível em proveito do redirecionamento que ambiciona, extraindo energia da associação entre ideais e interesses com exemplos factíveis.

Em chave conceitual, entretanto, ela pode ser mais útil para definir e discutir a direção nos pontos intermediários do percurso entre os passos iniciais e os mais distantes. O político e o profeta têm motivos para evitar a proposição de iniciativas que ultrapassem, exceto se demasiado, a extensão do que pode ser prontamente alcançado a partir do contexto presente. Elas parecem próximas demais à realidade estabelecida para prosperar, mesmo que distantes de parecer factíveis. Apresentam, porém, uma vantagem: têm maior chance do que os passos iniciais e os mais distantes de elucidar o caráter das dificuldades do percurso. Podem seduzir menos e esclarecer mais. No desenvolvimento do programa no vanguardismo includente, é nos passos intermediários que agora me deterei.

11 Tornando a economia do conhecimento includente: requisitos educacionais e cognitivos

Um vanguardismo includente é um vanguardismo radicalizado: à medida que se difunde por um amplo leque de circunstâncias, em todos os setores da economia e em todas as partes de cada setor, a prática de produção experimentalista, intensiva em conhecimento, revela e desenvolve seus atributos mais profundos. Sua associação entre cooperação e imaginação – e com inovação permanente – requer uma ordem mais elevada de capacidades de seus integrantes do que exigia a produção em massa. Ela requer também, portanto, educação de um certo tipo, tanto na infância quanto ao longo da vida.

O estilo dessa educação cruza a fronteira entre educação geral e técnica; reformando ambas na direção que descreverei a seguir, elas formam um *continuum*. Minha descrição subsequente de suas características, portanto, pretende se aplicar ao treinamento profissional tanto quanto à educação geral.

Em sua abordagem à educação técnica, deve repudiar o modelo de treinamento profissional que o mundo aprendeu com a Alemanha: aquele que enfatiza habilidades relativas a tarefas e máquinas, necessárias para operar as rígidas máquinas-ferramenta da era da produção em massa e para navegar em economias organizadas em torno de profissões e ofícios históricos, rigidamente delimitados. Deve substituir esse modelo de educação técnica por novo modelo, que privilegie capacidades de ordem mais elevada, genéricas e flexíveis.

A máquina de controle numérico – o robô programável ou a impressora 3D – não possui utilização única ou dedicada, ligada a uma determinada linha de produção ou a uma profissão e segmento definidos da força de trabalho. As diferenças entre inventá-la e reprogramá-la, e entre reprogramá-la e utilizá-la, vêm sendo relativizadas. O operador da máquina deve possuir, em algum grau, parte da capacitações e atitudes de seus inventores. A possibilidade de obter vantagem plena da inteligência artificial vai mais longe na mesma direção; demanda um trabalhador que saiba fazer com que a máquina dê o melhor de si nas tarefas formulaicas para se dedicar às tarefas não formulaicas.

A divisão técnica do trabalho, mesmo sob as formas confinadas da economia do conhecimento, enfraquece a distinção entre planejamento e execução e, de fato, entre todos os tipos de trabalho especializado. Em suas formas mais desenvolvidas, a economia do conhecimento torna tão possível quanto necessário um limiar de confiança e discricionariedade maior para todos os seus integrantes. Ela precisa que seus agentes sejam educados para exercer essa discricionariedade e merecer essa confiança. Eles devem ser capazes de compartilhar o trabalho em tarefas de inovação permanente e fortemente endógena ao processo de produção, não episódica e não dirigida de fora do processo produtivo.

A formação de protagonistas de uma forma inclusiva de economia do conhecimento deve exibir quatro características básicas. Essas características aplicam-se tanto à educação geral quanto à educação técnica e à educação permanente, ao longo da vida, tanto quanto à educação de crianças e jovens. São importantes e mesmo vitais para o desenvolvimento da economia do conhecimento. Seu valor, porém, como o valor da prática de produção intensiva em conhecimento ela mesma, transcende seus benefícios econômicos e estende-se a todos os aspectos da vida e da consciência em uma sociedade democrática.

A primeira característica é que o método educacional deve priorizar as capacidades analíticas e sintéticas e, mais amplamente, os poderes associados com a imaginação – a mente como antimáquina – do que a aquisição de informação. Ninguém pode adquirir tais capacidades, entretanto, em um vácuo de conteúdo. Conteúdo, porém, importa principalmente como contexto para o aperfeiçoamento de capacidades. Assim, o segundo traço dessa educação é que, com relação a conteúdo, prefere aprofundamento seletivo à superficialidade enciclopédica. Envolvimento profundo em torno de temas e projetos conta mais para o desenvolvimento das capacidades requeridas e desdobramento futuro da informação do que a memorização de qualquer resumo de enciclopédia.

Uma terceira marca dessa educação é que, quanto ao contexto social, afirma a cooperação no ensino e na aprendizagem em contraste com a justaposição de autoritarismo e individualismo que caracteriza tradicionalmente as classes escolares. Equipes de estudantes e professores, nas escolas e entre escolas, deveriam ser o instrumento primário de ensino e aprendizagem. Deveria haver uma ampla variedade de experimentos em práticas cooperativas, incluindo o ensino de estudantes por outros estudantes. O encontro da imaginação com cooperação é central para uma versão radicalizada da economia do conhecimento. Para se firmar, ela deve ser prenunciada pela forma como ensinamos e aprendemos.

O quarto atributo dessa educação é que ela deve ser dialética: que todos os temas e métodos sejam apresentados pelo menos sob dois pontos de vista diferentes. Uma vez que tenhamos abandonado a diretriz do conteúdo enciclopédico e prefiramos profundidade à extensão, e o desenvolvimento de capacidades analíticas e sintéticas à recitação e memorização de fatos, haverá tempo para essa abordagem dialética em qualquer estágio da educação.

As ortodoxias da cultura universitária naturalizam, nos diversos campos, o casamento entre método e objeto, induzindo o jovem a tomar as ideias dominantes pela realidade dos fatos. Assim, a ciência econômica não é o estudo da economia; é o estudo de um método pioneiramente desenvolvido pelos economistas marginalistas do final do século XIX. Qualquer investigação sobre a economia conduzida com outro método não é reconhecida como ciência econômica, enquanto a aplicação do método a temas sem qualquer relação direta com as atividades de produção e circulação é tratada como ciência econômica. Da mesma forma, o método histórico, com seu corolário do primado da mudança temporal sobre regularidades imutáveis, é visto como central para a história natural e as ciências biológicas, mas foi banido da física básica apesar da descoberta do caráter histórico do universo.

Os currículos nacionais infantilizam essas ortodoxias acadêmicas, expressas na naturalização injustificada desses casamentos entre método e objeto, rebatendo as ortodoxias de volta para a educação dos jovens. O resultado é a emasculação do estudante que faz com que ele chegue aos níveis superiores de educação predisposto a uma vida de servilismo intelectual. A abordagem dialética da educação busca imunizar o jovem contra esse perigo. Onde a cultura universitária é superficial, ela propõe profundidade e abertura. Ela desorganiza aquilo que o sistema de métodos e disciplinas mantém apartado. Almeja formar um tipo de mente distinta: que se recusa a tratar dúvidas radicais e experimentação intelectual como apanágio da genialidade, tornando-as propriedade comum.

A economia do conhecimento radicalizada demanda inovação contínua e não episódica, em arranjos bem como em produtos e tecnologias. A democracia exige que a política seja capaz de controlar a estrutura da sociedade e produzir mudança estrutural sem que sejam necessárias crises – sob a forma de ruína econômica ou guerra – como condição de possibilidade de transformação. A abordagem dialética à educação auxilia a formar o tipo de mente da qual tanto a política democrática quanto a produção conhecimento intensiva dependem.

Uma visão maior da educação anima essa agenda. A escola deve equipar todos os estudantes com os instrumentos necessários para navegar em meio à ordem social e cultural existente, mas também para resistir, transcender e revisar essa ordem. Deve reconhecer em cada cidadão um profeta de língua travada. Não se pode permitir que seja transformado em instrumento, seja da família seja do Estado. A família diz ao estudante: torne-se como eu. O Estado lhe diz: sirva-me. A escola deve tornar possível a recusa dessas mensagens. Ela deve ser a voz do futuro.

Mas como é essa voz que fala e quem pode pretender falar por ela? A educação deve se organizar de tal forma que nenhum dos poderes tangíveis da sociedade seja capaz de colocá-la a seu serviço. Professores e estudantes devem possuir os meios políticos, legais e financeiros necessários para conter a influência do Estado e da família e abrir espaços nos quais possam lidar experimentalmente com a tensão fundamental da educação sob a democracia: o conflito entre preparar as pessoas para agir sob a égide dos arranjos e pressupostos vigentes e equipá-los para desafiar esses pressupostos e arranjos.

Postas como abstrações intransigentes e descarnadas, essas profissões de fé educacionais podem parecer exóticas. No entanto, elas injetam em nossas visões de educação impulsos que são centrais para a economia do conhecimento em sua forma radicalizada e disseminada, bem como para o regime político mais favorável a uma tal economia, que chamarei de democracia de alta energia. Ao remodelar nossas práticas cooperativas segundo o modelo de nossas atividades imaginativas e ao tentar tornar a inovação permanente ao invés de episódica, a economia do conhecimento exige de seus integrantes mentes que possam progressivamente elidir a distinção entre fazer coisas e transformar o enquadramento dos arranjos e pressupostos a partir dos quais as realizamos. Uma democracia de alta energia caminha na mesma direção ao estabelecer as bases de uma forma de vida política na qual a mudança estrutural não necessite mais de ruína ou guerra como sua condição de possibilidade. Sob um tal regime, a ordem social como um todo torna-se suscetível, de fato tanto quanto na teoria, à contestação e à experimentação.

Em qualquer sociedade contemporânea, o obstáculo mais significativo à mudança na educação é, provavelmente, a ausência de uma vanguarda pedagógica: milhares de professores e ativistas educacionais comprometidos com o desenvolvimento de um tal programa e com sua colocação em prática. Ele não pode avançar se subsistir apenas nas mentes de um pequeno círculo de visionários, políticos e funcionários públicos.

Em qualquer país que seja grande, desigual e possua estrutura federativa (ou combine governo centralizado com devolução para os níveis subnacionais), a reforma e os reformadores devem ser capazes de contar com um contexto institucional que articule padrões nacionais de investimento e qualidade com gerenciamento local das escolas. O princípio-chave a ser observado é que a qualidade da educação que um jovem recebe não deve depender de contingências associadas ao lugar e à família em que nasceu. Três instrumentos são necessários: um sistema nacional de avaliação de desempenho escolar capaz de descobrir o que funciona melhor; um mecanismo de redistribuição de recursos e quadros dos lugares mais ricos para os mais pobres (evitando a dependência exclusiva das escolas aos orçamentos locais); e um procedimento de intervenção corretiva. Se um sistema escolar local recai persistentemente abaixo de um mínimo de eficácia aceitável, os governos local e central (ou os três níveis de governo, sob um regime federativo) devem agir conjuntamente, assumindo o comando da rede escolar deficiente e designando seu gerenciamento a administradores e especialistas independentes, para recuperá-la e devolvê-la recuperada. Na ausência de um tal procedimento, o compromisso de garantir que a oportunidade educacional não fique refém das circunstâncias de nascimento continuará sendo desonrado.

Nada na estrutura física do cérebro determina o poder relativo dos dois lados da mente – a parte maquínica e a parte imaginativa. A plasticidade do cérebro como antimáquina ajuda a ativá-la, mas não dá poder à imaginação. O caráter modular e formulaico do cérebro-máquina cria as bases físicas da vida mental governada por tropismos que podem ser representados retrospectivamente como algoritmos e fórmulas.

Observei anteriormente que nada na estrutura física do cérebro determina o poder relativo dos dois lados da mente: o lado regido por tropismos que podem ser representados retrospectivamente como algoritmos e fórmulas e o lado que podemos chamar de imaginação, que dispensa fórmulas, relativiza métodos e contorna pressupostos estabelecidos. É a organização da sociedade e da cultura que define a predominância relativa de um ou de outro. A história da política, nesse sentido, é interna à história da mente. A parte da história da política e da mente da qual me ocupo, aqui, é o potencial da economia do conhecimento. Argumentei que seu aprofundamento e sua difusão para a economia como um todo são dois aspectos do mesmo fenômeno: se ela parece disseminar-se sem radicalização, como no caso do que chamei pseudovanguardismo, é somente porque não é a nova prática de produção que está sendo difundida. É meramente seus produtos – dispositivos e serviços – que estão sendo vendidos. As capacitações e atitudes adquiridas no curso dessa disseminação superficial são apenas aquelas requeridas pelo uso limitado dos produtos que foram comprados.

A economia do conhecimento radicalizada e disseminada é tanto causa como consequência de uma mudança em nossa vida mental, assim como em nossa vida econômica. Sob o vanguardismo includente, a mente como máquina deve perder terreno em favor da mente como imaginação. A mudança em nossos arranjos econômicos e práticas de produção não é suficiente para garantir essa transformação. A transformação requer igualmente mudança no caráter, na concepção e no método da educação.

12 Tornando a economia do conhecimento includente: requisitos sociais e morais

O vanguardismo includente requer mudança na cultura moral da produção. Essa mudança consiste em um modo de trabalhar que sustente a elevação do nível de confiança e discricionariedade de todos aqueles que compartilham o trabalho. Apoia-se, igualmente, no aprimoramento de nossas práticas cooperativas com características distintivas e exigentes.

A questão central é se uma tal mudança na base moral da produção seria uma forma de prática e consciência que podemos desenvolver de forma voluntária ou um dado cultural que somos incapazes de influenciar. Ela pode e deve integrar um programa para o vanguardismo includente: a cultura moral da economia de conhecimento aprofundada e disseminada não precisa ser simplesmente um fado, fora de alcance para a ação transformadora; pode ser uma criação coletiva. Não podemos pretender criá-la a menos que entendamos sua composição e seus requisitos.

No ambiente de trabalho, uma abordagem à divisão de tarefas baseada em comando e controle limita o espaço de discricionariedade e substitui confiança por monitoramento e controle. O caráter repetitivo do trabalho, mimetizando operações de máquinas rígidas, deixa aos executores especializados de tarefas produtivas pouca margem para redefinir o projeto que estão encarregados de implementar. Uma cláusula implícita do contrato de trabalho – a forma contratual do trabalho assalariado – reserva toda a discricionariedade

100

residual na direção do processo produtivo para os gerentes nomeados pelos proprietários, nos limites da legislação e da negociação coletiva.

No regime de mercado em geral, os principais dispositivos legais que organizam a descentralização do acesso às oportunidades e aos recursos produtivos são o direito de propriedade unificado (uma invenção jurídica do século XIX) e sua contrapartida no âmbito da legislação contratual, a promessa de execução bilateral – um acordo formal que especifica exaustivamente os termos de uma negociação em um único ato. Juntos, o direito de propriedade unificado e o contrato de execução bilateral constituem um regime que distingue rigidamente um domínio privilegiado de discricionariedade no qual o proprietário pode ignorar os interesses alheios – o domínio de seus direitos – e uma zona circundante na qual ele está sujeito às reivindicações de outros.

Em tal um mundo, uma esfera de negociações concorrenciais e interesses descoordenados opõe-se a todos os demais espaços da vida social em que a interdependência é a regra: a família, a comunidade, a igreja. Acumulamos coisas com o intuito de não depender de outras pessoas e deixamos os acordos incompletos às partes da vida social – família e comunidade – nas quais permitimos que poder, troca e lealdade se fundam despreocupadamente.

O aprofundamento e a difusão da economia do conhecimento demandam uma cultura moral diferente e impelem o desenvolvimento dessa cultura; um vanguardismo includente é, ao mesmo tempo, causa e consequência do contexto moral em que ele viceja. Porém, jamais pode ser o único arquiteto de seu arcabouço moral. Esse arcabouço deve ser também resultado da ação deliberada.

Consideremos a mudança de requisitos em relação ao clima moral da vida econômica sob as duas perspectivas complementares mencionadas no início dessa seção: o aumento da margem de confiança e discricionariedade e o fortalecimento e refinamento de nossa disposição para cooperar. O nível da confiança e discricionariedade se amplia graças à suavização do contraste entre o planejamento das tarefas produtivas e sua execução, à medida que o plano passa a ser revisado no curso de sua implementação, e pela relativização da diferença entre as partes da atividade que deixamos à competição e aquelas que reservamos à cooperação.

Lembremos a analogia militar: à medida que a economia do conhecimento evolui, a equipe de trabalho deve tornar-se mais parecida com uma força irregular do que com uma força convencional. Uma coisa é, porém, para uma força militar irregular – como uma unidade de operações especiais – operar como uma unidade de elite, um elemento auxiliar em meio a um exército maior que continua a operar de forma tradicional. E outra coisa é fazer com que a força regular como um todo adquira pouco a pouco características de uma força irregular. Para fazê-lo, ela deve conciliar a capacidade de manter escalabilidade com direção centralizada e com extrema mobilidade das unidades de elite. É simplesmente esta a tarefa, ainda não efetivada por nenhum exército, a ser cumprida pelos agentes da prática mais avançada de produção.

É improvável que tal mudança avance além de seus estágios iniciais se não houver progresso em relação aos requisitos cognitivos-educacionais e legais-institucionais do vanguardismo includente. Ela requer uma educação do tipo acima descrito para se disseminar. Depende, também, de inovações legais e institucionais que transformem os arranjos da economia de mercado, multiplicando as formas de acesso descentralizado às oportunidades e recursos produtivos. Enquanto a finança continuar servindo a si mesma ao invés de servir à agenda produtiva da sociedade, ampliando sua parte nos ganhos ao mesmo tempo que diminui a contribuição para a criação de novos ativos de novas formas, o comando sobre os principais recursos produtivos continuará nas mesmas mãos que controlam imensas quantidades de capital flutuante. Enquanto falharmos em inovar os arranjos para o acesso descentralizado aos recursos produtivos, o que significa dizer o regime de propriedade, o trabalho assalariado dependente subsistirá como a forma predominante de trabalho livre. Sob essas condições, a transformação necessária da cultura moral da produção pode se iniciar, mas não conseguirá seguir adiante e se desenvolver. Uma mudança nas práticas e na consciência ganha força por sua conexão com a mudança estrutural.

A necessidade de elevar os níveis de confiança e discricionariedade é apenas o aspecto mais premente de um imperativo mais geral: fortalecer e refinar a disposição para cooperar. Vontade e aptidão para cooperar não são meras criaturas do redesenho institucional, embora as instituições tenham seu papel. A disposição para cooperar é um fator independente, com enormes consequências na vida social e econômica. Se ela é fraca, nenhum regime institucional poderá funcionar como seus idealizadores pretenderam que funcionasse. Se ela é forte, pode gerar seus efeitos positivos em meio a diferentes composições de arranjos institucionais.

Alguns teóricos sociais europeus mais antigos como Maquiavel, Harrington, Montesquieu e Vico, estavam conscientes tanto de sua importância quanto de sua irredutibilidade às escolhas institucionais. Estudaram-na sob o nome de "espírito" e "virtude". À teoria social clássica subsequente (como em Marx, Durkheim, Weber e Simmel) faltou os instrumentos necessários para reconhecer sua importância e explorar suas variações e efeitos. Falar de uma disposição a cooperar que persiste ao longo da história dos diversos regimes de produção equivale a pressupor aquilo que essa tradição teórica nega: que há sempre mais em nós do que os regimes que construímos e em que habitamos. Na história posterior das ciências sociais, depois que essa tradição foi redefinida em um cânon fechado e morto, a cooperação ressurgiu sob a forma atrofiada e anódina do conceito de "capital social" – a densidade relativa de nossos laços sociais.

Por regime cooperativo entendo um complexo de formas habituais de interação, as atitudes e pressupostos a elas associados e os arranjos institucionais e legais que elas tomam por seus e aceitam como modelo. Da perspectiva de sua contribuição para uma prática produtiva, especialmente para o desenvolvimento da prática de produção mais avançada, há dois critérios fundamentais pelos quais avaliar a fecundidade de uma forma de cooperação para o desenvolvimento de nossas práticas produtivas.

O primeiro critério é a extensão na qual o regime cooperativo mobiliza os talentos e a energia do maior número de pessoas, ampliando seu acesso a recursos e oportunidades produtivas. Algumas formas de organização de uma economia de mercado podem ser melhores para abordar determinados grupos ou alguns tipos de indivíduo do que outras. Algumas alcançam maior número de pessoas, de mais formas, do que outras. No entanto, visto que uma economia de mercado não possui qualquer forma que seja natural e necessária, mesmo um tipo de arranjo da ordem do mercado que pareça permitir mais acesso e oportunidades a mais pessoas do que seus rivais conhecidos permanecerá falho. O único padrão confiável será não ter uma arquitetura jurídica única para o mercado – incluindo nenhum regime único de propriedade e contrato – em qualquer economia de mercado dada. Abordagens institucionais alternativas da descentralização da iniciativa econômica deverão, assim, coexistir sob uma mesma ordem de mercado.

O segundo critério a partir do qual avaliar o aperfeiçoamento de um regime de cooperação é que ele deve moderar a tensão entre os requisitos de cooperação e inovação. Esse aspecto é importante para qualquer abordagem à cooperação; sua relevância é extraordinária no caso de uma prática de produção que pretende tornar a inovação permanente. Qualquer desenvolvimento de nossas capacidades práticas – dos quais o crescimento econômico e o aumento da produtividade são apenas um subtipo – exige que cooperemos e também inovemos. Inovação requer cooperação para formulá-la, para implementá-la e para desenvolvê-la, seja ela tecnológica, organizacional, institucional ou conceitual. Entretanto, toda inovação também causa perturbação do regime de cooperação estabelecido. Causa perturbação ao ameaçar direitos adquiridos e expectativas arraigadas dos grupos e indivíduos que participam desse regime – segmentos da força de trabalho em relação uns aos outros ou trabalhadores, empregadores e investidores uns em relação aos outros. Toda inovação gera incerteza quanto aos efeitos de sua adoção sobre as posições relativas de cada grupo.

Mesmo uma inovação de caráter tecnológico traz efeitos indeterminados, não somente para a sociedade em geral, mas também para os integrantes do processo produtivo. A moldagem desses efeitos começa na concepção e no desenho de máquinas, sob a forma de pressupostos referentes a como, por quem e no quê elas serão utilizadas. De fato, a melhor forma de pensar sobre tecnologia é compreendê-la como a materialização de relações entre nossos experimentos no âmbito da transformação da natureza, conformando as forças naturais e a matéria em nosso benefício, e nossos experimentos em reconstrução de regimes cooperativos. Uma característica que define uma prática de produção como mais avançada do que outras é sua capacidade de progredir mais na conexão entre esses dois conjuntos de experimentos. Pode, então, tornar autoconscientes cada um desses conjuntos de experimentos à luz das lições do outro.

Os imperativos da cooperação e da inovação dependem um do outro e, ao mesmo tempo, contradizem um ao outro. Não se contradizem, porém, de maneira uniforme. Um regime cooperativo difere de outro pela capacidade de reduzir o conflito entre os requisitos de cooperação e inovação, mesmo que nunca possamos esperar que a tensão se dissolva. Por exemplo, ele pode dissociar modos de oferecer às pessoas salvaguardas contra a insegurança de medidas que, por outro lado, inibam a recombinação inovadora de trabalhadores, máquinas e outros recursos. Pode aprofundar a plasticidade dos arranjos sociais e, ao mesmo tempo, evitar que resultem em medo e infelicidade.

As duas perspectivas estratégicas a partir das quais abordei a base moral da economia do conhecimento – o aumento do nível de confiança e de discricionariedade permitido e necessário em nossas atividades produtivas e o aperfeiçoamento do regime cooperativo conforme os padrões combinados que descrevi – são de importância e generalidade desigual. O primeiro representa um aspecto do segundo: um regime cooperativo capaz de aproveitar talentos e energia de mais pessoas visando reconciliar as necessidades de cooperar e de inovar será aquele que obtiver melhor desempenho do que os anteriores no empoderamento de seus participantes (discricionariedade). Será, também, aquele que exigirá a aceitação de um grau mais elevado de vulnerabilidade e incerteza recíprocas (confiança). Terá que fazê-lo a partir de uma base sólida de garantias e direitos, que permita às pessoas viver sem medo em um contexto de mudança.

No centro dessa visão sobre os condicionantes morais da economia do conhecimento desenvolvida e disseminada, encontra-se uma concepção que nega qualquer contradição inamovível entre aquilo que se dá a César (o reino da troca interessada, no qual nossas relações uns com os outros é meramente instrumental) e aquilo que se dá a Deus (o domínio de nossos experimentos no campo da solidariedade, no qual, para usar as palavras de Kant, enxergamos e tratamos os outros como fins em si mesmos). Não se trata de tornar nossos autointeresse e ambição menos desregrados e vorazes, ou que possamos exportar para o mundo econômico as expectativas de engajamento interpessoal com as quais estamos habituados nas esferas mais íntimas da existência. Antes, nossa participação no desenvolvimento de nossos potenciais produtivos, em meio à ascensão e disseminação da economia do conhecimento, exigirá mudança na cultura moral da produção.

A questão a que leva essa discussão sobre a base moral da economia do conhecimento é se podemos desenvolver essa base por meio da ação coletiva ou pela inovação institucional traduzida em legislação. Certamente podemos; não se trata de um atavismo cultural que seríamos impotentes para influenciar. Podemos identificar iniciativas que, em seus efeitos combinados e cumulativos, contribuem para essa mudança. Classifico essas iniciativas em três rubricas: aquelas que fortalecem a disposição para cooperar externamente à atividade econômica, com repercussões sobre essa última; aquelas que amenizam a tensão entre os imperativos de cooperação e inovação e conduzem a um regime cooperativo propício à inovação contínua; e aquelas que aumentam a possibilidade de que o regime de cooperação – e os arranjos institucionais que estão por trás dele – distribua oportunidades produtivas ao maior conjunto possível de agentes econômicos e das formas as mais variadas. O primeiro bloco de iniciativas conduz a mudanças políticas e culturais; o segundo, à relação entre segurança e flexibilidade no mercado de trabalho, o terceiro, aos arranjos institucionais mais amplos da ordem de mercado.

Fortalecer a disposição para cooperar fora da economia resultará em seu fortalecimento na própria economia: o influxo geral da vida cotidiana ensinará às pessoas as lições mais valiosas. Segue-se três exemplos de inovação social que reforçam tanto a capacidade quanto a vontade de cooperar, não somente por enfrentar e ultrapassar obstáculos à cooperação em suas respectivas áreas. Cada um deles auxilia a alcançar objetivos sociais independentemente proveitosos. Cada um deles modifica a experiência moral dos agentes econômicos externamente à economia, com efeitos previsíveis sobre o clima moral da atividade econômica

Um exemplo é o caráter cooperativo da educação. Se conduzirmos o ensino e a aprendizagem de forma cooperativa, por meio de grupos e equipes de professores e estudantes, nas escolas e entre escolas, e prepararmos os jovens para compartilhar ativamente a responsabilidade pela educação uns dos outros, o impulso para colaborar criará raízes na formação inicial do indivíduo. Outro exemplo é o engajamento da sociedade civil, junto ao Estado, na provisão não lucrativa de serviços públicos, no espírito da tentativa, que descrevi acima, de ultrapassar os limites do fordismo administrativo. A sociedade civil pode moldar a si mesma e às pessoas graças à oferta cooperativa de saúde e educação (por meio de cooperativas de prestadores de serviço ou de associações), complementando e não substituindo a ação do Estado, e estimulando a auto-organização da comunidade, juntamente com as autoridades policiais, visando a supressão da violência. Outro exemplo ainda é a generalização do princípio segundo o qual todo adulto fisicamente saudável pode cuidar de outros fora de sua própria família, bem como ter uma ocupação no âmbito da economia. O serviço social, voluntário ou mandatório, poderia estabelecer o enquadramento legal e institucional para esse esforço de dar expressão tangível à solidariedade social.

Como podemos desenvolver arranjos que explorem a dependência recíproca dos imperativos da cooperação e da inovação e que atenuem o conflito entre eles? A característica mais importante desses arranjos institucionais é que eles constituem algo que parecer ser, mas de fato não é, uma contradição em termos: eles protegem os indivíduos contra a insegurança econômica e equipam-nos com dotações capacitadoras (tanto econômicas quanto educacionais), ao mesmo tempo que engendram instituições e práticas econômicas abertas no mais alto grau ao desafio e à reconstrução.

Antes de examinar essa tarefa em seu aspecto institucional, pensemos em sua expressão psicológica. Para ser útil aos outros e a si mesmo, o indivíduo não pode ser posto em situação constante e paralisante de medo. No entanto, também deve se chocar com o conformismo: suas formas habituais de agir devem ser desafiadas pela mudança em seu entorno. A qualidade de sua experiência vivida deve se intensificar à medida que se desprende de seus tropismos; hábito e conformismo são inimigos da vitalidade.

Ele deve ser seguro e capaz. Porém, essa capacidade e segurança não pode ser adquirida e mantida ao preço do congelamento da vida econômica e social. Ao contrário, uma vez protegidos e salvaguardados seus interesses e poderes vitais, deve ser o lado reverso de sua vontade de ver a sociedade e a cultura em seu entorno se transformar.

Para o indivíduo, parte da solução do problema reside no desenvolvimento de sua relação ao seu próprio caráter – a forma habitual, cristalizada, do seu "eu", de seu modo de ser – de forma que possa resgatá-lo da morte lenta e paulatina sob uma versão petrificada da própria personalidade. Para a sociedade e sua ordem econômica, contudo, a solução consiste em desembaraçar o nexo entre garantia de segurança e capacitação e a plasticidade da vida econômica e social: sua abertura ao desafio e à mudança. Algum nível de restrição à plasticidade é inevitável: os direitos e benefícios que garantem segurança e capacitação devem ser relativamente estáveis: precisam ser removidos da agenda de políticas de curto prazo. Nunca pode ser mais do que uma remoção relativa: nem o conteúdo e escopo dessas garantias e dotações nem os meios através dos quais melhor implementá-las são incontestáveis. Entretanto, nessa perspectiva, isolamos alguns itens da agenda fora de seu contexto político e de experimento social simplesmente com o intuito de expandir essa agenda: pôr mais coisas mais profundamente em questão. Não permitimos que o senso de identidade individual e coletiva e, portanto, de garantia contra inseguranças trazidas pelas inovações, seja mobilizado na defesa das formas estabelecidas de vida social e econômica. Desenvolvemos garantias e dotações para o trabalhador individual não para evitar a mudança – da economia, da sociedade e mesmo do eu –, mas para aperfeiçoar nosso poder transformativo.

Um pequeno exemplo inicial de mudança nessa direção é o conjunto de reformas no campo da social-democracia histórica denominado flexseguridade: a redefinição dos direitos e benefícios trabalhistas para torná-los inteiramente portáveis em vez de associados a detenção de um emprego específico. Seus proponentes conceberam-no como parte do que se tornou o projeto dominante hoje entre as elites governantes do G7: a conciliação de níveis europeus de proteção social com o compromisso norte-americano com a flexibilidade. Mas podemos pensá-lo como um momento fragmentário de um esforço maior de desenvolvimento de regimes cooperativos que internalizem o impulso para inovar permanentemente.

Uma vez que redefinamos o objetivo nesses termos, devemos persegui-lo por múltiplos meios, através de dois conjuntos paralelos de iniciativas. O primeiro desenvolve o pacote de garantias e dotações: por exemplo, dar a cada cidadão, ao nascer, uma herança social, uma participação nos ativos de produção da sociedade, que ele poderá transformar em dinheiro e utilizar em momentos críticos de sua trajetória. Outro conjunto reorganizaria a vida política e econômica de modo a tornar a estrutura estabelecida mais suscetível à mudança, parcial porém cumulativa, mesmo quando a crise falha como indutor de mudança. Os dois conjuntos de inciativas podem colidir em determinados momentos ou em relação a aspectos particulares. A mesma visão informa ambos; não há contradição geral ou duradoura entre eles.

Nenhuma organização particular da economia de mercado pode fazer justiça ao potencial de todos os seus integrantes nem de todas as possibilidades de experimentação econômica. Nenhum sistema jurídico impessoal pode ser neutro entre concepções subjetivas do Bem, embora possa ser capaz de submeter ao contraditório e à correção finalidades que sejam tangíveis e valoráveis, escapando ao enredamento no ideal perigoso e ilusório da neutralidade. Assim, também ao ideal de uma economia descentralizada falta uma forma que seja natural: não há uma versão definitiva e universal de uma ordem de mercado, como não há um modelo natural de propriedade privada e contrato.

A abordagem à propriedade e ao contrato desenvolvida em sua forma mais pura e intransigente no século XIX e que nunca, desde então, perdeu proeminência no direito privado e na doutrina jurídica não é uma linguagem natural com a qual devamos pensar qualquer ideia econômica pensável e por meio da qual possamos conceber todas as iniciativas econômicas concebíveis. É uma linguagem limitada, tornada ainda mais restritiva pela pretensão de neutralidade e elasticidade ilimitadas invocadas em seu favor.

Algumas maneiras de organizar o mercado são melhores do que as outras. Podem ser melhores porque oferecem maior acesso descentralizado a oportunidades e recursos produtivos de formas mais variadas. Podem ser melhores, também, porque possibilitam invenção e experimentação no formato da descentralização econômica. Essas duas variedades de vantagem na organização de um mercado estão ligadas. Quanto mais espaço para diversidade e experimentação nas formas de organizar os meios da iniciativa econômica descentralizada – e, consequentemente, nos regimes de propriedade e contrato – mais improvável que a organização do mercado admita vantagens específicas a determinados grupos, classes e tipos de agente econômico ou mesmo a linhas de atividade econômica. Cada regime de propriedade – quer dizer, çada forma de organizar o acesso aos meios de produção – tenderá a favorecer diferentes segmentos de agentes e interesses. A melhor garantia de abertura não é canonizar uma versão do mercado como natural e necessária, à maneira de um fundamentalismo de mercado. É permitir que diferentes versões – vários regimes de propriedade e contrato – coexistam experimentalmente em uma mesma economia de mercado e sob o mesmo corpo de leis.

A consequência do entrincheiramento de uma dada visão do mercado, normalmente em proveito de uns poucos, será lançar suspeições justificadas com relação ao cultivo de um propósito comum – na empresa, na economia e na nação como um todo – que pode ser vital para o fortalecimento da capacidade de cooperar. O problema-chave de um ideal de solidariedade é a identificação de seus pressupostos estruturais: o que é preciso assegurar para organizar uma economia rica em oportunidades de iniciativa descentralizada.

A desventura dos compromissos a favor da solidariedade na história tem servido de halo para um tipo de configuração institucional que permanece intocado e sequer é reconhecido como tal. O imperativo da cooperação torna-se um pretexto para abafar conflitos. Foi o que ocorreu, por exemplo, na política europeia e na doutrina da Igreja, especialmente no período entre as duas grandes guerras do século XX: o chamado à cooperação entre trabalhadores e empresários em setores inteiros da economia, sob o olhar de um Estado ansioso para converter conflito de classes em coesão nacional e conformidade social, serviu como arma contra a militância sindical e a agitação socialista. O resultado foi, então, como seria hoje, enfraquecer ao invés de fortalecer as bases morais e sociais sobre as quais uma economia do conhecimento desenvolvida e disseminada deveria se apoiar.

A única forma aceitável de melhoria do regime de cooperação é a que se desvia de um tal descaminho. Para evitá-lo, precisa resistir ao encarceramento sob um modelo único e exclusivo de organização da economia de mercado. Para ser bem-sucedida, deve se mover em direção a formas alternativas de estruturação da iniciativa econômica descentralizada e do acesso descentralizado a recursos e oportunidades produtivas em uma mesma economia de mercado. O significado disso para a reconstrução institucional do mercado será discutido na próxima seção, sobre os condicionantes legais e institucionais do vanguardismo includente.

13 Tornando a economia do conhecimento includente: requisitos jurídicos e institucionais

O vanguardismo includente requer revisão cumulativa dos arranjos institucionais da ordem de mercado. Para superar o legado do vanguardismo insular – estagnação, desigualdade e apequenamento –, não é suficiente regular mais intensamente o mercado ou insistir, mais do que temos feito até agora, em remediar as desigualdades econômicas por meio da tributação progressiva ou de transferências e direitos sociais redistributivos. Devemos remodelar os arranjos institucionais que definem a economia de mercado. Podemos e devemos nos recusar a tomar a ordem de mercado em termos de "pegar ou largar" como se fosse simplesmente uma escolha entre mais ou menos mercado e mais ou menos intervenção governamental no mercado. Podemos escolher construir uma economia de mercado diferente.

Essa tese contradiz um pressuposto comum à grande parte da economia prática e do pensamento sobre política econômica. Segundo esse pressuposto, os desequilíbrios econômicos resultam de falhas da competição no mercado (como rigidez do valor dos salários, assimetria de informação ou incongruências da relação agente-principal) ou da própria resposta regulatória a esses desequilíbrios. A concepção de uma remodelagem legal e institucional da ordem de mercado contradiz a história da controvérsia ideológica moderna, construída em torno da oposição entre mercado e Estado e do equilíbrio a ser atingido entre eles.

Tal concepção é igualmente incompatível com a ideia, comum a boa parte da teoria social clássica, pela qual a história seria palco da sucessão de uma lista fechada de regimes sociais e econômicos (como o "capitalismo"), cada um deles um sistema indivisível. Em consequência, ela também rejeita a visão segundo a qual a transformação política deve ser ou revolucionária (substituindo um sistema por outro) ou reformista (administrando ou humanizando o sistema) à maneira dos socialdemocratas ou social-liberais institucionalmente conservadores da atualidade.

Ao contrário, ela afirma que a mudança estrutural é quase sempre fragmentária e parcial. Objetivos radicais podem ser atingidos – e de ordinário são – por meios graduais, tanto quanto um movimento possa persistir em uma certa direção. Visualizar essa direção e traduzi-la em uma sequência de passos é a tarefa da prática transformadora e do pensamento programático.

Nesse espírito e a partir dessas hipóteses de trabalho, imaginem três estágios no desenvolvimento das bases legais e institucionais da economia do desenvolvimento. Arranjos institucionais ganham vida sob a forma de legislação. A lei é a forma institucionalizada da vida de um povo. Nossos interesses e ideais estão sempre cravados na cruz de nossas instituições e práticas. O direito é o lugar dessa crucifixão. Ele tem uma natureza dupla: como repositório de arranjos institucionais explicitados e como expressão do entendimento dos interesses e ideais aos quais esses arranjos devem servir.

A tarefa do primeiro estágio da inovação legal e institucional é dupla. Deve buscar ampliar acesso às oportunidades e recursos para a produção, especialmente em favor de empresas emergentes, candidatas a portadoras da nova prática mais avançada de produção. E deve ajudar a organizar o processo por meio do qual poderemos descobrir experimentalmente o melhor caminho para ao vanguardismo includente. Acesso ao capital e à tecnologia de ponta, bem como às práticas e capacitações a eles associadas; a uma força de trabalho munida das aptidões necessárias; aos mercados domésticos e internacionais (não somente como fonte de demanda mas, também, de parâmetros comparativos): tudo isso é necessário. Não é suficiente, porém, oferecer essas formas de acesso separadamente. O mais importante e difícil é orquestrá-las, projetá-las de tal forma que seu alcance vá além dos protagonistas conhecidos da economia do conhecimento insular (por exemplo, a indústria de alta tecnologia) e atinja todas as partes do sistema produtivo.

O capital de risco privado tem desempenhado historicamente esse papel, mas somente em pequena escala (em relação ao investimento financeiro total) e como foco em uma variedade relativamente restrita de empresas *start-up* imersas na cultura da forma confinada atual da economia do conhecimento. O governo pode ter que ajudar a criar múltiplas agências independentes e concorrentes, inicialmente com fundos públicos, para desempenhar essa tarefa em proveito de uma variedade mais ampla de atores econômicos – a próxima geração de firmas candidatas a compartilhar no trabalho do conhecimento – e com um horizonte temporal maior. Pode fazê-lo sob regime de mercado (embora como parte de um esforço para desenvolver novos tipos de mercados) e assumindo participações de capital, como fazem os capitalistas de risco, na atividade empresarial. O objetivo seria tornar esse quase capital de risco autossustentável o mais brevemente possível.

À medida que as instâncias e agentes da economia do conhecimento se expandem, o leque de experiências relevantes das empresas torna-se mais fecundo. Não há qualquer corpo de conhecimento estabelecido e detalhado sobre como adaptar as tecnologias e práticas da presente forma reprimida da economia do conhecimento em proveito de pessoas e empresas que até agora tem permanecido distantes de suas práticas e cultura, mesmo se adquirem e utilizam alguns de seus produtos. Um objetivo importante nesse estágio inicial de reconstrução institucional da economia de mercado é encontrar, entre as experiências dos beneficiários desse acesso ampliado, quais práticas funcionam melhor para então difundi-las.

Esta também é uma tarefa do Estado. Mas, assim como a orquestração do acesso ao conjunto dos recursos que a produção demanda para ser bem-sucedida, não é uma tarefa passível de ser implementada por um aparato administrativo convencional, agindo sob direção centralizada para formular um conjunto uniforme de regras e políticas. Seria um trabalho mais bem desempenhado por um centro de suporte de nível intermediário entre governo e empresas clientes, por analogia com o sistema de extensão agrícola originalmente desenvolvido nos Estados Unidos e em outros países no decorrer do século XIX.

Em um segundo estágio, começaria a emergir uma arquitetura institucional e legal alternativa para a economia de mercado. Ao contrário das mudanças do primeiro estágio, essas iniciativas teriam consequências explícitas sobre a organização da economia de mercado como um todo; fariam mais do que introduzir novos agentes e práticas no regime de mercado estabelecido. Ao contrário das mudanças do terceiro estágio, aproximam-se de inovações radicais nos mecanismos de acesso descentralizado aos recursos produtivos e, portanto, do próprio conteúdo do direito privado. Considerem as mudanças desse segundo estágio dispostas em dois eixos: um eixo vertical das relações entre governos e firmas e um eixo horizontal das relações entre firmas.

Há muito existem dois modelos de relação entre governo e empresas disponíveis no mundo: o modelo norte-americano, de regulação concorrencial dos negócios pelo governo, e o modelo do nordeste asiático, de formulação de uma política comercial e industrial imposta de cima para baixo pela burocracia governamental. Nenhum desses modelos é adequado ao desenvolvimento de instituições úteis ao aprofundamento e disseminação da economia de mercado.

O primeiro modelo toma por dados os arranjos estabelecidos da economia de mercado. Que um vanguardismo includente não possa se desenvolver sob tais arranjos é demonstrado pelo seu fracasso em desenvolver-se na totalidade das economias contemporâneas. Podemos atribuir esse fracasso à ausência de outras condições, como as formas de educação necessárias ou uma cultura moral favorável a maior confiança e discricionariedade. Sendo assim, porém, devemos nos perguntar que instituições econômicas podem inibir ou encorajar essas outras mudanças. Por não atingir o ponto em que regulação se torna reorganização, o primeiro modelo falha na criação de qualquer mecanismo que reinvente a ordem de mercado em proveito de uma participação mais ampla no desenvolvimento da produção experimental, intensiva em conhecimento.

O segundo modelo restringe a reconstrução institucional da economia de mercado ao empoderamento de um Estado supostamente onividente. Tal Estado elege alguns empreedimentos e setores como portadores ungidos do progresso econômico. É ativista em relação a setores, supondo saber distinguir quais deles são "portadores de futuro". Mas é passivo em relação a instituições, exceto pelo fato de exigir um Estado poderoso o bastante para fazer escolhas entre setores, escolhendo favoritos sob o pretexto de possuir maior discernimento.

Os pressupostos epistemológicos do meu argumento em favor do vanguardismo includente sugerem que ambos os modelos são equivocados. Para promover a prática mais avançada, precisamos inovar em nossas instituições econômicas, não apenas regulá-las de forma mais ou menos agressiva. Devemos, porém, ser agnósticos em relação a setores e linhas produtivas, mesmo se são arrojados no desenvolvimento de métodos e procedimentos. Afinal, sabemos que mesmo em sua atual forma insulada a economia do conhecimento já é multissetorial; ela não tem associação com nenhuma parte específica da produção. A imposição de políticas comerciais e industriais unitárias combina dogmatismo em relação a setores com aceitação passiva da ordem de mercado estabelecida. Se os defensores dessa abordagem reformarem o Estado, será apenas para garantir que ninguém mais exceto algum quadro político e burocrático tenha poder para oferecer favores a alguns e negar a outros.

A alternativa a esses dois modelos é uma prática de coordenação estratégica entre governos e empresas que seja descentralizada, pluralista, participativa e experimental. Seu objetivo imediato é o mesmo que descrevi como o primeiro estágio da inovação institucional: expansão e orquestração do acesso ao capital, tecnologias e capacitações avançadas. Seu objetivo ulterior é a convergência entre as retaguardas da economia nacional e suas vanguardas da era da economia do conhecimento. Seu agente primário é um conjunto de entidades, estabelecidas pelo governo mas independentes dele, que exploram diferentes possibilidades, na mesma área ou em áreas diferentes da economia, visando aumentar a diversificação do material disponível para seleção competitiva pelo mercado.

Pensem nessas entidades como análogas ao extensionismo agrícola que se desenvolveu em um período histórico anterior. Elas podem precisar de financiamento público apenas no início; podem subsequentemente ser financiadas por taxas cobradas por seus serviços ou por meio de participação acionária nos negócios que originarem; e seus gerentes e executivos podem ter participações nos ganhos e riscos de sua atividade. Seu método de trabalho seria calcado na experimentação descentralizada e comparativa sobre os meios, em cada parte da economia, através dos quais retaguardas tornam-se vanguardas.

No eixo horizontal, das relações entre empresas, a moldura legal e institucional transformada do mercado permitiria e incentivaria a competição cooperativa entre firmas de pequeno e médio porte: negócios que, em virtude de sua escala, não representem risco de suprimir a concorrência. Essas firmas compartilhariam alguns recursos sem deixar de competir umas com as outras, para melhor obter economias de escala e construir conjuntamente um aparato de produção que tenha os atributos da economia do conhecimento aprofundada e disseminada.

Os exemplos regionais mais bem-sucedidos da economia do conhecimento insular nos Estados Unidos e Europa se caracterizam pela circulação de pessoas, práticas e ideias entre empresas, sujeita apenas (e nem sempre) aos limites impostos pela legislação corporativa, trabalhista e de propriedade. Podemos ver nessa circulação um primeiro momento da concorrência cooperativa. O segundo momento é confiança por meio de contratos continuados, incompletamente negociados e relacionais entre empresas visando organizar certas linhas de produção: por exemplo, entre empresas biotecnológicas ou farmacêuticas nos Estados Unidos. O terceiro momento é o desenvolvimento, para além das relações contratuais, de práticas e do direito privado da competição cooperativa.

Essas inovações nas relações entre governo e empresas, assim como nas relações entre empresas, já exemplificam o princípio segundo o qual a economia de mercado não é um caso de pegar-ou-largar. Não estamos limitados a regulá-la ou atenuar suas desigualdades recorrendo à redistribuição compensatória. Podemos reestruturá-la e, ao fazê-lo, influenciar a distribuição primária da vantagem econômica.

Tais mudanças na arquitetura legal e institucional da economia do conhecimento remetem à ampliação do acesso a recursos fundamentais para empresas em nome de um acesso ampliado a recursos e oportunidades cruciais. Visionam novidades mais radicais e maior diversidade nos modos pelos quais indivíduos e firmas podem empregar capital (em sentido amplo) a serviço da produção.

Uma terceira onda de inovações na estrutura legal e institucional começaria com mudanças no regime de propriedade que define os termos da descentralização da iniciativa econômica e as reivindicações dos agentes econômicos com relação aos meios de produção. Não se trata de substituir o direito de propriedade unificado, estabelecido e teorizado somente no século XIX, por outra forma igualmente exclusiva de propriedade. Ao contrário, o objetivo seria diversificar radicalmente as formas de acesso descentralizado ao capital e ao aparato produtivo da sociedade.

O direito de propriedade unificado tradicional agrupa todos os poderes que associamos à propriedade (e a tradição do direito civil distingue como uso, usufruto – controle sobre o fluxo de rendas, e o direito de alienação e venda) e os funde sob controle de um detentor singular de direitos, o proprietário. A propriedade unificada deve tornar-se um entre vários regimes de propriedade, coexistindo com diversos regimes em uma mesma ordem de mercado. Em consequência, a economia de mercado deixaria de estar presa a uma única versão de si mesma. A liberdade para recombinar fatores de produção nos limites de uma moldura inalterada de produção e intercâmbio seria desenvolvida em direção a um poder mais amplo de experimentar com a estrutura legal e institucional do regime de mercado. O resultado seria o fortalecimento da lógica da descentralização econômica, em vez de sua supressão ou substituição, sob regime de mercado: sua preferência pelo experimento em diversas mãos sobre a reivindicação de onisciência de um poder centralizado.

Uma vantagem do direito de propriedade tradicional é que ele permite a um empreendedor de risco realizar coisas nas quais ninguém mais acreditaria sem ter que enfrentar possíveis vetos impostos por múltiplos agentes. Sua desvantagem é o lado inverso do benefício. Ela não é capaz de oferecer um contexto jurídico para a justaposição de tipos diferentes de participação, detidos por múltiplos agentes, sobre os mesmos recursos produtivos. Para isto serviriam direitos de propriedade fragmentários, condicionais ou temporários, resultantes da desagregação do direito de propriedade unificado. O método para essa desagregação está bem estabelecido. Esta era a condição normal da propriedade mesmo no Ocidente até o século XIX. Além disso, ela existe tanto na economia quanto no direito correntes. Por exemplo, derivativos financeiros, incluindo a lista básica de opções de compra e venda, são exatamente o que seu nome sugere: produtos desenhados para criar mercados com base em elementos fragmentários do direito de propriedade que de outra forma estariam unificados. O entendimento e a aplicação do princípio da desagregação permanecem dramaticamente estreitos, ao passo em que o direito de propriedade unificado continua sendo considerado a forma padrão de propriedade, ainda que envolta em uma espessa penumbra de desvios em relação ao modelo que incorpora.

Por favorecer a iniciativa empreendedora idiossincrática, o direito de propriedade unificado continuará a ser útil e mesmo indispensável para o desenvolvimento da economia do conhecimento. Porém, em vez de continuar sendo a forma padrão de propriedade, deve-se tornar ao longo do tempo um caso limite. A forma mais comum de direito de propriedade seria sua desagregação em direitos fragmentários, condicionais ou temporários aos meios de produção.

Essa desagregação organizaria a coexistência de direitos de diversos interessados – como investidores públicos ou privados, trabalhadores, governos locais e comunidades – aos mesmos recursos produtivos. Tornaria possível ampliar a descentralização da iniciativa econômica – o número de agentes econômicos capazes de negociar por iniciativa própria e por conta própria. Poderia fazê-lo, no entanto, enfraquecendo o controle quase absoluto e totalizante que o direito de propriedade unificado assegura ao titular do direito, o proprietário, dentro dos limites da zona de titularidade que demarca. Foi devido a esse condão de assegurar controle absoluto que o pensamento jurídico do século XIX tomou a propriedade como paradigma do direito.

O desenvolvimento do direito e da teoria da propriedade desagregada revela contradição oculta na concepção tradicional do direito de propriedade unificado. Essa concepção supõe que as duas dimensões mais abstratas do direito que organizam a descentralização da iniciativa econômica – a quantidade de descentralização econômica (a multiplicação do número de agentes econômicos habilitados a negociar por inciativa e conta próprias) e o controle incondicional e quase ilimitado que cada um desses agentes detém sobre os recursos em seu poder – caminham necessária e naturalmente juntas. De fato, esses dois lados da propriedade não somente são distintos, mas também estão em tensão um com o outro. Só podemos ter esperança de aumentar a variedade e o número de agentes econômicos se reduzirmos o caráter absoluto, uniforme e perpétuo do controle exercido por cada um deles. A incapacidade de reconhecer essa tensão na concepção abstrata de propriedade tem sido um dos mais importantes motivos da perpetuação da ideia de que a propriedade unificada seria, de certo modo, a característica central e exemplar de qualquer regime de mercado.

Uma área de reforma do regime de propriedade vital para o futuro da economia do conhecimento é a propriedade intelectual. A legislação estabelecida de patentes e copirraite – em grande parte uma criação do século XIX – inibe o desenvolvimento do vanguardismo includente, especialmente ao impor limites altamente restritivos às formas pelas quais os agentes econômicos podem participar do desenvolvimento da economia do conhecimento e compartilhar seus ganhos. Seu efeito prático é permitir que um pequeno número de megaempresas detenha direitos exclusivos a tecnologias-chave, por elas mesmas desenvolvidas ou compradas dos inventores originais. A desculpa para concentrar essas rendas em um pequeno conjunto de agentes econômicos de capital elevado é a necessidade de oferecer incentivos à inovação, premiando aqueles que fizeram apostas de longo prazo em um futuro improvável. A consequência, porém, é o favorecimento de poucos, ao preço de excluir e desencorajar muitos. Significa, além disso, ampliar as vantagens já imensas da larga escala no controle da economia do conhecimento.

Um problema especial, e ao mesmo tempo uma oportunidade única, consiste na parte da economia do conhecimento que comercializa dados privados de milhões de pessoas. Aqui uma mudança da propriedade intelectual teria efeito mais imediato e revolucionário. Em contraste, os arranjos atuais, que permitem que as empresas de plataforma monetizem dados pessoais sem compensação aos indivíduos cujas atividades são rastreadas, agravam a perversidade do regime estabelecido de propriedade intelectual. Esse regime recompensa os direitos exclusivos de um punhado de empresas gigantes a inovações cruciais por meio de patentes, copirraite, marcas registradas e outros direitos de propriedade intelectual, enquanto deixa de mãos abanando os milhões de criadores da matéria-prima da qual depende o modelo de negócio das empresas de plataforma.

Esboçarei aqui, em minha descrição do terceiro estágio das mudanças legais e institucionais que servem a uma economia do conhecimento includente, um programa para a transformação da propriedade intelectual. Boa parte, porém, das mudanças propostas pode e deve ser antecipada nos estágios anteriores de reconstrução da ordem do mercado. Duas séries de reformas da propriedade intelectual têm importância capital. O primeiro conjunto de reformas diz respeito ao controle sobre os dados pessoais e os direitos a seu valor econômico por parte dos indivíduos a cujas vidas e preferências esses dados concernem. O segundo conjunto de reformas consiste na demoção da patente e copirraite em sua forma atual a simplesmente mais uma entre várias maneiras – todas as outras menos restritivas – de compensar os inovadores e organizar o uso de suas descobertas e invenções.

Dados devem pertencer aos indivíduos que os geram, como parte da expressão da personalidade na sociedade. Aqueles que os utilizam para fins econômicos devem obter consentimento para essa utilização e pagar por ela. A descentralização radical da propriedade dos dados – um insumo vital da economia do conhecimento – incentivaria uma vasta gama de formas de recompensas que não o simples pagamento de uma renda pelo utilizador dos dados ao seu gerador. Formas alternativas de retribuição incluiriam participações acionárias fracionadas. Essas participações podem, por sua vez, ser agrupadas em um mercado secundário que as monetizaria e comercializaria.

Tal diversidade de mecanismos de consentimento e compensação, por seu turno, poderia levar a um pluralismo mais fecundo de graus de envolvimento dos produtores dos dados nos negócios dos utilizadores de dados. O aprofundamento e detalhamento dos perfis de dados individuais podem, em determinadas situações, ter como contrapartida a participação do criador dos dados em algum aspecto do negócio, remunerado por transferências monetárias ou por participação acionária. O resultado seria transformar aqueles que de outra forma seriam fonte passiva de insumos em agentes engajados.

Copirraite, patentes e suas contrapartes na legislação atual perderiam seu status preeminente e quase exclusivo de esteio da propriedade intelectual. Devemos reformulá-los como parte de um leque mais amplo de maneiras para organizar, incentivar e proteger a atividade inovadora na produção. Tal atividade está no coração da economia do conhecimento. A nova prática avançada promete atenuar e mesmo reverter a restrição, até o momento incontornável, dos retornos marginais decrescentes ao incremento da alocação de insumos à produção. Sua perspectiva de cumprir tal promessa funda--se no caráter contínuo, ao invés de episódico, da inovação. As inovações características da economia do conhecimento sucedem, ininterruptamente, no interior do próprio sistema de produção. Não resultam apenas da aplicação de conhecimentos científicos produzidos fora dele.

Suponham, então, um espectro de abordagens à propriedade intelectual, dispostos ao longo de um contínuo que vai da propriedade exclusiva até a propriedade comum e ao acesso aberto. Em um extremo do espectro estariam o copirraite, patentes e outros direitos que compõem o repertório do atual regime de propriedade intelectual. Esses direitos são modelados no direito de propriedade unificado do século XIX, com seu foco característico na linha divisória entre o que pertence a uma única pessoa ou a uma pessoa jurídica e aquilo que é aberto a todos. Este é um arranjo que pode continuar a ser útil e mesmo necessário quando, como nos casos da indústria farmacêutica ou de biotecnologia, a inovação exige o emprego de grande volume de capital privado, por longo tempo e com grande risco. Porém, à medida que o Estado contribua para a inovação, deveria, em troca, exigir participação no produto obtido (por exemplo, graças a parcerias público-privadas) ou impor limites ao poder do proprietário de restringir acesso a sua propriedade intelectual.

Em vez de abolir o regime atual de propriedade intelectual, devemos reduzir seu tamanho, tornando-o apenas uma entre diversas formas de proteger e organizar a inovação, não a única forma. Ele seria aplicável a certos casos, mas não a muitos outros. A justificativa básica para sua manutenção, embora com função reduzida, é a mesma que justifica o direito de propriedade unificado tradicional. Propriedade unificada e quase absoluta permite ao empreendedor correr riscos e tomar iniciativas que ninguém mais aceitaria. A ousadia será recompensada apenas se for bem-sucedida. Assim como o direito de propriedade unificado deve ser apenas uma entre várias outras maneiras de organizar o acesso descentralizado a recursos e oportunidades produtivas, prerrogativas exclusivas de remuneração proporcionada por patentes e copirraite deveriam ser somente um entre muitos arranjos para incentivar a inovação e proteger suas realizações.

No outro extremo do espectro estaria a disponibilização de uma inovação em domínio público, com ou sem compensações e retornos para os inovadores, oferecidos em troca da negativa em assegurar-lhes a propriedade exclusiva sobre suas invenções.

Em meio a esses dois extremos do espectro, entre propriedade exclusiva e acesso aberto, a economia do conhecimento deveria ser capaz de contar com uma série de arranjos alternativos visando incentivar inovações e distribuir a participação nos fluxos de renda por elas gerados. Cada qual seria adequado a um conjunto distinto de circunstâncias que possam surgir, ao passo que a economia do conhecimento se dissemina e aprofunda. Apresento três dessas alternativas, em escala crescente de complexidade e de distanciamento com relação ao direito atual de propriedade intelectual, vigente, com pequenas variações, em todas as economias ricas.

Uma primeira e mais simples alternativa – a que requer menos mudança legislativa – é o licenciamento para livre utilização permitida pelos detentores dos privilégios de copirraite, patentes, marcas registradas e suas extensões. Tal é o exemplo da licença "Creative Commons", surgida no início do século XXI. Ela tem a vantagem da flexibilidade: permite, por exemplo, que o licenciador privilegie o uso não comercial. Entretanto, ela sofre da desvantagem crucial de depender da iniciativa unilateral e da generosidade de titulares dos direitos exclusivos garantidos pelo atual sistema. Ela se presta melhor a beneficiar atividades sem fins lucrativos que buscam utilizar inovações desenvolvidas originalmente com propósito comercial.

Uma segunda alternativa é o desenvolvimento de uma prática comum no final do século XIX, quando o regime de propriedade intelectual começou a tomar sua forma atual. O Estado estabelece prêmios para estimular a invenção e a inovação. A recompensa pode se dar sob a forma de transferência monetária única. Pode ser dada, também, como percentagem das receitas geradas pelo uso produtivo da nova tecnologia ou prática. Trata-se de uma modalidade de incentivo à inovação que não impõe qualquer restrição à utilização daquilo que o inovador tenha criado. Adequa-se melhor a circunstância que pode não ser usual no presente mas que se pode tornar comum novamente no futuro: a situação do inventor ou inventores relativamente isolados que trabalham em um contexto não comercial, na fase inicial de desenvolvimento de uma tecnologia e das ideias às quais ela dará forma material. Pode-se atribuir a concessão de tais recompensas a entidades públicas não governamentais, estabelecidas em lei e financiadas pelo Estado, mas independentes do controle governamental. Tais órgãos seriam integrados por especialistas líderes em diferentes campos.

Uma terceira alternativa concerne a situação que tende a ser recorrente em uma economia do conhecimento desenvolvida e includente. Diversos agentes colaboraram em uma inovação e em seu desenvolvimento para utilização comercial. Podem ser indivíduos, instituições de pesquisa ou organizações empresariais. O regime atual obedece à regra o-vencedor-leva-tudo: atribui a propriedade intelectual a um titular único e lhe assegura poder para excluir os demais do acesso à invenção protegida e cobrar por tudo que seja possível extrair de sua utilização.

A economia do conhecimento, porém, prospera sob condições de concorrência cooperativa e circulação de recursos, práticas, ideias e pessoas. Algumas de suas realizações serão produto de muitas mãos. Uma fundação ou fundo público independente, ou uma série deles, não subordinados ao governo, poderia ser autorizada, mediante regras e padrões estabelecidos em lei, a organizar entidades para fins específicos nas quais os diversos agentes que tenham contribuído para a inovação teriam participação. O grau e duração do direito que as partes teriam de excluir livre acesso à sua inovação e para cobrar por seu uso seriam matéria a ser avaliada no desenho de cada ente de finalidade específica. O tamanho relativo da participação de cada agente dependeria de sua contribuição respectiva. Os critérios de delimitação das participações abrangeriam a novidade relativa da invenção e o grau em que ela resultaria da criatividade e iniciativa próprias, em contraponto ao nível geral de avanço científico, técnico e tecnológico em uma dada área de produção. Logo se constituiria jurisprudência administrativa e arbitral que refinasse esses padrões. O direito não precisaria decidir entre controle absoluto e acesso aberto ou entre as reivindicações concorrentes dos muitos autores de uma inovação.

A segunda e terceira alternativas nesse espaço intermediário entre o tudo e o nada em termos de propriedade intelectual têm como uma de suas premissas um avanço do desenho institucional: o estabelecimento de entes públicos não governamentais. Entre tais entes estariam fundos ou fundações que administrariam prêmios de inovação e reconheceriam a coautoria de um avanço tecnológico. Estabeleceriam fundos para fins específicos que reuniriam as participações proporcionais dos inovadores e estipulariam a distribuição dos retornos gerados pela utilização de suas criações conjuntas. Entre esses entes encontraríamos também – para evocar um tópico anterior desta argumentação sobre a arquitetura legal e institucional de economia do conhecimento – os conselhos de representantes da sociedade civil no contexto dos sistemas de governança das empresas de plataforma que não quisermos fragmentar por receio da perda de valor econômico e social dependentes do tamanho de sua comunidade de usuários.

Uma economia do conhecimento includente é filha de uma sociedade e de uma cultura que possuem os atributos que explorei em partes anteriores deste livro. Não devemos tratá-la como criatura do mercado nem do Estado. A sociedade, para além do Estado e do mercado, deve estar representada no sistema de governança e organização de uma economia do conhecimento que ela ajudou a criar. Em lugar algum há razão maior para essa representação do que no estabelecimento e na atribuição de direitos relativos ao compartilhamento dos ganhos de inovação e invenção. A necessidade de reforma da propriedade intelectual apresenta-se como exemplo de um argumento mais geral: uma forma disseminada e aprofundada de produção intensiva em conhecimento exige a reconstrução jurídica e institucional da economia de mercado.

Que o aprofundamento e a difusão da economia do conhecimento devam estar fundados nessa renovação do vocabulário do direito privado e da propriedade, incluindo a propriedade intelectual, já está demonstrado naquilo que descrevi como estágio anterior na evolução dessa arquitetura jurídica: parceria descentralizada e estratégica entre governos e empresas e concorrência cooperativa entre empresas. Esses passos iniciais apontam para arranjos que incentivem e organizem a combinação de iniciativa privada e governamental e deem forma jurídica à coexistência de participações múltiplas, detidas por diferentes tipos de titulares, em um mesmo conjunto de recursos produtivos.

É só um começo. A realização do potencial da economia de mercado por meio de sua radicalização e difusão simultâneas exige que suspendamos as restrições à experimentação com as formas jurídicas e institucionais de descentralização econômica. Variantes que servem para alguns propósitos são inadequadas para outros.

O argumento epistemológico a favor da economia de mercado reside na superioridade da diversificação experimental sobre a uniformidade dogmática como caminho para a descoberta do que pode ser alcançado na economia e de como podemos alcançá-lo. Se a ordem de mercado deve ser expressão do experimentalismo, o impulso experimentalista se deve aplicar igualmente a essa expressão: não podemos permitir que a ordem de mercado seja prisioneira de uma versão única e exclusiva de si mesma. Devemos tornar sua reinvenção jurídica e institucional parte de sua prática cotidiana. Devemos nos recusar a pôr os arranjos constitutivos do mercado além do alcance do seu impulso característico rumo a uma anarquia ordenada e criativa.

14 Incitações de segundo plano: experimentalismo generalizado e democracia de alta energia

Que condições de segundo plano tornam mais provável que consigamos satisfazer os requisitos de uma forma desenvolvida e disseminada de economia do conhecimento que discuti nas três seções anteriores? Tais condições são de dois tipos: relativas à cultura e à consciência e relacionadas com a reconstrução da democracia.

Não devemos tratar esses aspectos de segundo plano da cultura e da política como condições antecedentes que precisamos satisfazer plenamente antes que possamos ter qualquer esperança de avançar na agenda do vanguardismo includente. Vê-las dessa forma seria cometer o erro de compreender tal programa como sistema que devemos ou implementar totalmente ou abandonar. É possível progredir em quaisquer de seus requisitos de primeiro plano antes de nos chocarmos contra os limites impostos por falhas em satisfazer as condições de segundo plano. O progresso no primeiro plano pode, por si mesmo, começar a mudar o segundo plano político e cultural: pode contribuir para o começo de sua transformação; ambos os planos estão vinculados em um processo de desenvolvimento combinado e desigual.

Entretanto, o preenchimento das condições de segundo plano tem valor que transcende em muito sua utilidade para a causa da economia do conhecimento. Está em jogo a elevação de nossos poderes e de nossa experiência a patamar superior. O desenvolvimento e a difusão da economia do conhecimento representam apenas parte dessa transformação maior.

A condição de segundo plano para o desenvolvimento e a difusão da economia do conhecimento no âmbito da cultura é a generalização do impulso experimentalista em todos os departamentos da nossa experiência. O fortalecimento desse impulso na economia intensifica seus efeitos sobre todas as outras áreas da sociedade. Suas expressões não econômicas, por sua vez, reforçam sua presença na economia.

Consideremos algumas formas de estímulo à generalização do impulso experimentalista, para além da economia bem como nela própria. Um deles consiste em uma educação adaptada a uma visão dialética da aprendizagem. A prática de contrastar as ideias prevalecentes e o modo como as coisas são, por meio da apresentação dos conteúdos a partir de perspectivas opostas, protege o estudante contra a dependência da opinião dominante e incita de forma duradoura ao questionamento.

Outro estímulo seria a oferta de oportunidades e apoio para mudanças de trajetória profissional na meia idade. Um tal auxílio deve ser tanto educacional quanto financeiro. Ele encoraja a autorreinvenção que a cultura neorromântica das sociedades mais livres e ricas promove mas raramente sustenta.

De longe, o mais importante estímulo à generalização de um impulso experimentalista é a provisão de uma herança social: um conjunto de dotações econômicas e garantias estipulado para todos os indivíduos, compatível com o nível de riqueza do país. Essa herança social – uma dotação para todos, proveniente dos recursos do Estado, e não para poucos, proveniente de suas famílias endinheiradas – possibilita que haja menos receio com relação a mudança, incerteza e conflito ambientes. O entrincheiramento relativo de um conjunto de dotações e garantias contra os altos e baixos da economia e da política funciona como contrapartida indispensável para a abertura de todas as áreas da sociedade ao desafio e à mudança. Seu ideal objetivo é fazer com que todos sejam como o serafim Abdiel de *Paraíso Perdido*: impassível, inabalável, insubmisso e destemido.

Devemos considerar o significado central do impulso experimentalista tanto como maneira de agir quanto como forma de entendimento.

Como maneira de agir, ele diminui a distância entre os movimentos ordinários que fazemos em meio a um contexto inalterado e indisputado e os movimentos extraordinários pelos quais desafiamos e mudamos partes desse contexto. Ele torna esses últimos um prolongamento normal do primeiro. Mudanças institucionais como aquelas que propus aqui, na organização da economia e da política, redesenham conjuntamente e de forma duradoura nossas atividades de preservação e transformação de contextos. A função do impulso experimentalista é antecipar o efeito dessa mudança institucional, assim como a capacidade da virtude política para imaginar as instituições que prefiguram a reforma institucional pode economizar virtude.

Como forma de entendimento, o impulso experimentalista reduz nossa dependência em relação aos métodos e pressupostos estabelecidos, em todas as partes do conhecimento e da experiência. Ele nos possibilita pensar a partir de pressupostos alternativos e apreender um dado aspecto da experiência com métodos rotineiramente aplicados a outros.

Schopenhauer dizia que um homem de talento é como um atirador que acerta o alvo que outros não conseguem acertar; um gênio é um atirador que acerta o alvo que outros não conseguem ver. A esperança para o democrata e para o experimentalista é que essa visão ampliada, que participa do ideal de uma vida engrandecida para homens e mulheres comuns, não precise depender da genialidade; que ela possa ser um atributo comum. Para tornar-se atributo comum, deve ocorrer sob a forma de epifanias fragmentárias e não verbalizadas na vida ordinária e não como mensagens explícitas e abrangentes trazidas pelos gênios-profetas aos seus contemporâneos. Visto sob essa luz, o impulso experimentalista representa também uma outra instância do engrandecimento do comum, cuja promoção é o propósito mais elevado do vanguardismo includente.

***

A outra condição de segundo plano que favorece nossa capacidade de satisfazer os requisitos de primeiro plano do vanguardismo includente tem a ver com a organização da política democrática: o desenvolvimento de uma democracia de alta energia, que não necessite de crises como circunstância que viabiliza reformas radicais; que destitua o governos dos vivos pelos mortos e torne as diversas partes de estrutura da economia suscetíveis de fato – e não somente em teoria – à reforma radical expressa em leis. Como ela deverá implantar-se em uma sociedade que permanece desigual, tal democracia deve ser concebida de forma que suas instituições resistam à captura pelos interesses mais poderosos e organizados.

Uma ditadura coletivista exercida por um elite política e tecnocrática, alegando governar em nome do interesse nacional e condenando a população a um silêncio político obsequioso, oferece um atalho custoso para esses fins. Ela priva o país da possibilidade de combinar debate livre com experimentação organizada no desenvolvimento e definição dos rumos nacionais. Ela torna, portanto, o futuro da sociedade refém de preconcepções dogmáticas da elite governante. Permite que qualquer proposta de mudança institucional ou de política seja julgada sob o critério de suas relações com os interesses do poder ditatorial. Erige um mundo social sob risco permanente de traduzir poder político em vantagem econômica e vantagem econômica em influência política. E somente pode tentar evitar sua corrosão pelo favorecimento e pela corrupção exercendo um despotismo cada vez mais vigilante e invasivo. Ela permite, por fim, que os déspotas coletivistas busquem, graças a sua associação com alguma ortodoxia legada, uma base de legitimidade mais poderosa e duradoura do que os caprichos da prosperidade. Ao passo que as palavras da ortodoxia perdem significado ao longo do tempo, os ditadores se veem forçados a inventar novos sentidos para elas, calculados para combinar adaptação às circunstâncias com suporte à conservação do poder.

A China oferece, de longe, o mais importante exemplo desse tipo de vida política. Sua grande diversidade de experimentos microinstitucionais sobre formas de associar empresas com níveis de governo e comunidades locais, ou umas com outras, poderia servir como ponto de partida para a reconstrução da economia na direção que descrevi. Porém, essas novas formas de descentralização econômica permanecem grandemente limitadas por sua função de conciliar capitalismo de Estado e ditadura coletivista com entendimento comum e familiar sobre como uma economia de mercado pode e deve parecer.

Todas as democracias existentes no mundo, porém, são democracias fracas. Elas oferecem somente um pálido reflexo político das forças em disputa na sociedade. Mesmo quando essa versão pálida produz diferença suficiente de orientação entre partes do Estado a ponto de produzir impasses, elas cronificam o impasse ao invés de resolvê-lo rápida e decisivamente. Elas tratam iniciativa central vigorosa e delegação de autoridade ao poder local como se fossem inversamente relacionadas, quando, de fato, podemos e devemos esperar obter mais de ambas. Com raras exceções (como a Suíça), elas mantêm a cidadania em um nível baixo de engajamento com a vida política – dormitando enquanto a crise ou a guerra não a desperta – e são incapazes de enriquecer a democracia representativa com elementos de democracia direta ou participativa. Em consequência, são facilmente capturadas pelos interesses organizados. Elas inibem a prática da reforma radical, exceto quando uma crise econômica ou um conflito militar surgem como circunstância possibilitadora da reforma.

A democracia fraca é produto de três fatores. O primeiro é uma ideia inadequada de democracia. O segundo é um repertório inaceitavelmente restrito de formas institucionais – incluindo arranjos constitucionais – com as quais o desenho de um Estado democrático poderia ser traçado. O terceiro é a incapacidade de perceber a contradição entre a promessa e os pressupostos da política democrática e as realidades da existência em uma sociedade que continua a dotar as pessoas com oportunidades de vida drasticamente desiguais. A ambição paradoxal da democracia é dar voz ao entendimento das pessoas sobre seus interesses, ideais e identidades sem permitir que a vida política simplesmente mimetize e reforce a desigualdade econômica e social: uma ambição resumida pela concepção abstrata da igualdade de direitos e da igualdade cidadã.

Uma democracia forte, capaz de controlar a estrutura herdada da vida social e submetê-la permanentemente a testes, não pode ser entendida simplesmente como autogoverno da maioria qualificado pelo direito de minorias políticas de se tornarem a futura maioria e pelo respeito ao dissenso e divergência nesse entretempo. A ideia de democracia deve incluir a criação perpétua do novo e a transcendência e triunfo da sociedade sobre seus arranjos herdados.

A história institucional da democracia nos põe diante de uma escolha inaceitável. De um lado está um conjunto altamente restrito e restritivo de arranjos constitucionais alternativos experimentados ao longo da história do Ocidente moderno e dali exportados para outras partes do mundo. Esses arranjos trazem as marcas – e ajudam a produzir as consequências – da democracia fraca. Do outro lado está o sonho de uma democracia direta de conselhos ou "sovietes", surgida em momentos de fervor revolucionário apenas para, ao falhar como quase sempre acontece, ser substituída pelo despotismo ou pela democracia fraca. O interlúdio revolucionário na vida política ordinária, como o interlúdio romântico nas rotinas da vida conjugal, perturba momentaneamente as estruturas estabelecidas sem oferecer qualquer proposta de mudança duradoura da relação entre vida institucional e liberdade desestabilizadora.

Uma democracia de alta energia não deve ser um reflexo passivo e reforçador das desigualdades de uma sociedade de classes. Para dar substância prática à igualdade cidadã, suas instituições devem ser moldadas de forma a neutralizar a influência política da vantagem de classe. Não basta que, afirmando as prerrogativas da igualdade de cidadania, elas incorporem formas de conectar pessoas que tensionem as realidades da economia hierarquicamente segmentada. Em uma tal economia, a maior parte das pessoas permanece condenada ao trabalho assalariado economicamente dependente ou ao desemprego involuntário como forma disfarçada de dependência econômica. Instituições democráticas devem oferecer um contexto para inovações que, ao longo do tempo, rompam e transformem os aspectos da vida econômica que levam a experiências de servidão e apequenamento em vez daquilo que a democracia promete para todos: oportunidade de participar da moldagem do contexto coletivo da iniciativa individual.

Para esse fim, a doutrina e a prática da democracia precisam se expandir incorporando a implantação de arranjos políticos que não apenas facilitem sua própria revisão mas que, também, privem a ordem econômica – a constituição legal e institucional de economia de mercado – de qualquer veleidade de pôr-se fora do alcance da reinvenção e reconstrução política. A expansão do nosso entendimento da democracia nessa direção será desprovida de significado se não tiver como contrapartida o alargamento do repertório restrito de formas de organização da política democrática e do Estado democrático hoje disponíveis no mundo.

As formas institucionais úteis à realização de uma tal democracia dependem das circunstâncias e da história de cada país. Exceto nas especulações dos filósofos, a inovação institucional nunca opera sobre uma tela em branco. Ela pode caminhar em uma dada direção, com consequências radicalmente transformadoras, como as que esbocei acima. Mas toma como ponto de partida as ideias, práticas e instituições disponíveis em seu momento histórico e suas circunstâncias nacionais. Ela avança mais frequentemente pelo alargamento, por meio da extensão analógica e recombinação, do estoque de opções institucionais disponível no país e no mundo. Esse artesanato institucional não deve estar subordinado a uma agenda intransigente e sectária de economia política; deve ser capaz de acomodar e organizar a vida política do povo, a sucessão e a disputa entre tais agendas. Não pode pretender, porém, permanecer neutro frente ao choque de pontos de vista acerca do bem comum. Ao aspirar à meta realista de abertura à diversidade de experiências, interesses e ambições e, ao multiplicar oportunidades para sua própria revisão, ele deve renunciar à falsa e perigosa pretensão de neutralidade, quase sempre invocada para reforçar o seu oposto: o entrincheiramento, junto com o regime político, da ordem econômica e social.

A democracia de alta energia é o contexto político mais útil para uma versão aprofundada e disseminada da economia do conhecimento. Mas ela não pode ser imaginada, justificada ou desenvolvida apenas com base nessa mudança da nossa vida econômica. Suas motivações e atrativos encontram-se nos interesses e ideais servidos pelo vanguardismo includente, que descrevi, e no aumento de nossa capacidade de influenciar a criação de estruturas de facilitem e organizem seu próprio aperfeiçoamento.

Esse ideal democrático expressa nossa visão de nós mesmos como agentes que contêm mais do que comportam os universos sociais e conceituais que construímos e nos quais vivemos. É essa visão ampliada da agência, engrandecimento e transcendência que é manifesta na concepção de uma democracia de alta energia. Ela pode assumir várias formas econômicas, estranhas ao programa de reconstrução econômica que esbocei aqui.

Quatro princípios não triviais de desenho institucional delineiam a trajetória rumo a uma democracia de alta energia que atenda os requisitos discutidos nas páginas precedentes. Vamos manuseá-los cuidadosamente, à luz da circunstância e da história, com os materiais institucionais e ideias disponíveis e com o que pudermos acrescentar a estes. Não nos sintamos desencorajados: se há clareza sobre a direção, a modéstia dos passos iniciais e sua subordinação ao circunstancial não impedirá que nós e aqueles que no sucederem conquistemos mudanças de grande alcance. Esses princípios são gerais e abstratos. Não são, porém, triviais; não podem ser conciliados com a maior parte dos arranjos constitucionais, instituições e práticas políticas das democracias fracas atuais.

O primeiro é o princípio da expressão política, estimulação e empoderamento da diferença de grupo. Esse princípio requer que organizemos a política democrática de modo que ela não apenas reflita a variabilidade total de visões e interesses conflitantes que existam na sociedade mas, também, que essas correntes em disputa sejam equipados com os meios para agudizar e aprofundar suas diferenças. Na economia, a fecundidade de um método de competição e seleção pelo mercado depende da riqueza do material a partir do qual a seleção competitiva opera. Assim, também a cultura experimentalista de uma democracia de alta energia pode encontrar inspiração em uma grande profusão de interesses e identidades conflitantes.

Essas perspectivas em disputa precisam encontrar sua voz política; assim, portanto, a preferência em muitas (mas não todas) circunstâncias pela representação proporcional, com múltiplas rodadas de votação, no lugar de regimes eleitorais de maioria simples e decisão definitiva em uma única rodada. Pela mesma razão, o Estado deve ser formado por várias partes, de forma que uma corrente de opinião ou interesse que não consiga encontrar expressão em uma parte possa encontrar espaço em outra. O risco de que a manifestação dos conflitos, não apenas na política como no Estado, leve à paralisia decisória é dissolvido pelo segundo princípio, da resolução rápida dos impasses.

Não é suficiente para a política e o Estado espelhar as diferenças expressas na sociedade. Uma democracia de alta energia incita e explicita essas diferenças ao invés de reprimi-las. Quando uma das visões conquista o controle de parte do Estado ou parte do país, a democracia de alta energia auxilia a transformar a diferença em iniciativa concreta. Assim, o terceiro princípio propõe que, à medida que a sociedade define um certo caminho, ela deve salvaguardar suas apostas permitindo que partes do país ou da economia divirjam das políticas e da legislação majoritárias, a fim de apresentar à sociedade a imagem de um caminho alternativo. Sua cultura pública não deve proibir, em nome da harmonia cívica, a expressão política da crença religiosa ou desencorajar a crítica religiosa de qualquer religião ou visão de mundo por outra. Seu propósito não é garantir uma esfera pública morna e impermeável às fontes de desacordo mais apaixonadas. Será, antes, expandir a esfera da política e romper as barreiras que separam-na da vida ampla e contraditória da sociedade e da cultura.

A incitação deliberada da diversidade e do conflito, e não somente sua representação apassivada na política, pode parecer levar a sociedade à desarmonia permanente. Isto sem qualquer benefício claro em troca, a não ser a vantagem duvidosa de trazer para o terreno da política esperanças e temores acalentados em outros departamentos da nossa experiência. De fato, o choque de interesses e visões somente precisa ser fonte de discórdia se for simplificado; se todas as diferenças de interesse e opinião estiverem alinhadas e a cidadania dividida em algumas poucas tribos, cada qual definida pelo associação entre um grande conjunto de interesses e blocos de opinião característicos. Se, entretanto, as pessoas se distribuem ao longo de diversas linhas transversais não haverá tal simplificação. As diferenças vão proliferar e se intensificar sem reduzir a sociedade política à condição de duas ou três arenas de combate.

A teoria política liberal às vezes supõe que essa multiplicidade de diferenças não coextensivas seja a condição natural de uma sociedade complexa e pluralista sob regime democrático. De fato, o grau em que essa condição supostamente natural prevalece pode depender da organização da política, se ela suprime e simplifica a diferença ou se permite que a diferença aflore, inclusive buscando na atividade política os meios para se desenvolver.

Entretanto, a inclinação à diferença coletiva, por parte do Estado-Nação e seus agentes ou de grupos dentro deste, pode se tornar perigosa à medida que seja reduzida à vontade de ser diferente, privada de poder para criar diferença real. A vontade de diferença, sem o poder de criar diferença efetiva, transforma-se em ódio de grupo. Um grupo ou indivíduo odeia outro, próximo, não porque seja diferente mas porque quer ser diferente e está se tornando semelhante. A solução não é suprimir a busca pela diferença; é equipá-la. Uma diferença autoritária pode somente ser causa e objeto de uma fé inflexível e frustrada. A diferença real é porosa, impura e ambígua e convida ao sincretismo e ao compromisso pragmático, mesmo quando há fanatismo e intransigência no terreno doutrinário.

Podemos, contudo, perguntar qual benefício, além do incentivo ao aumento da variação e experimentação coletiva, esse princípio da estimulação das diferenças traria. A resposta é: vitalidade e fortalecimento – de indivíduos e de formas de vida social – forjados em meio à contradição e ao conflito: cada nação, cada conjunto distintivo de afinidades e associações no interior delas e cada indivíduo representam um experimento de humanidade. Dado que a sociedade não tem qualquer forma necessária e natural, somente podemos desenvolver nossos poderes se for em diferentes direções. Diversidade é o meio, não o fim. O fim é tomarmos mais inteiramente posse de nossa vida, tornar-se o original daquilo que somos – como Estado organizado para proteger uma forma distintiva de vida e como indivíduo formado tanto pelos múltiplos grupos dos quais participamos como contra eles.

O inimigo do princípio do reconhecimento, incitação e empoderamento da diferença é uma oposição crua, na organização da vida econômica e social, entre ordem e anarquia. Conforme esse preconceito, qualquer ruptura da ordem representa risco de resvalar para a anarquia. Todas as formas mais elevadas de ordem política e econômica caracterizam-se por uma dialética entre experiências e ideias contrastantes, visando inspirar e informar a autocorreção. A forma mais profunda e disseminada da economia do conhecimento exemplifica, em seu próprio domínio, essa divisão da diferença entre ordem e anarquia, e assim também sua base na economia e nas instituições políticas. O limite ideal dessa concepção é a noção de uma anarquia organizada, que reconheça e sustente a precedência da vida sobre a estrutura.

Os três princípios institucionais para uma democracia de alta energia restantes podem ser apresentados mais brevemente. Eles se qualificam mutuamente e também com relação ao primeiro princípio.

O segundo princípio é o da resolução rápida e decisiva dos impasses. A estimulação e o fortalecimento da diferença na sociedade e sua expressão na política e na organização do Estado trazem risco de paralisia; o equilíbrio de interesses, forças e visões opostos pode anular um deles.

Cada parte da vida social e econômica deve ser organizada para permitir a interrupção da paralisia, por meio da ação decidida ao invés do compromisso hesitante. Perpetuar o impasse é privar-nos do benefício de desenvolver e testar alternativas claramente delineadas. Significa nos submetermos a uma sucessão de alternativas do tipo "segundo melhor" em cada área da atividade coletiva.

Se o impasse não pode ser superado em um domínio particular da vida social, seu desfecho recai sobre a política, que deve ajustar, por meio da legislação, os termos últimos da transformação de qualquer domínio de prática social e econômica. O próprio Estado é suscetível de paralisia se ele contém – como o primeiro princípio sugere que deveria ter – múltiplas partes e ramificações que podem ser influenciadas por diferentes coalizões de interesse e opinião, bem como funcionar como fontes independentes de iniciativa. O sentido do segundo princípio não é evitar esses casos de contradição paralisante no Estado; é resolver o impasse rapidamente e tornar possível a iniciativa central forte.

As implicações constitucionais dessa visão são melhor ilustradas pela identificação dos modelos constitucionais que ela exclui. Por um lado, ela se opõe a um modelo como o esquema de freios e contrapesos de Madison, que eterniza o impasse distribuindo-o pelas estruturas de governo e trata essa eternização como solução ao invés de problema, pois ela inibe o uso da política para remodelar a economia e a sociedade. De outro lado, rejeita igualmente um sistema parlamentar puro como o constituído pelo regime político britânico, porque favorece uma quase-ditadura do chefe de governo. Seu impulso é suprimir o conflito no interior do governo e do Estado e reduzir a extensão em que as contradições entre interesses e visões na sociedade são refletidas na formação do governo. A solução não é assegurar iniciativa central forte suprimindo ou evitando o conflito, inclusive no interior do próprio Estado. É incitar o conflito, tanto no Estado quanto na sociedade, mas para melhor resolvê-lo. O conflito, então, assume nova forma, acelerando o espaço da política.

O modelo constitucional dos Estados Unidos baseia-se em uma confusão deliberada do princípio liberal da fragmentação do poder – no interior do governo central assim como no sistema federativo – com o princípio conservador da desaceleração da política. Uma implicação do segundo princípio é a preferência por arranjos constitucionais que afirmem o princípio liberal e repudiem o conservador. A constituição não escrita do regime político britânico supõe que as vantagens práticas da iniciativa decisória centralizada somente podem ser obtidas por meio da contenção e prevenção antecipatória da expressão do conflito no interior do Estado. O

149

custo, então, seria abandonar os benefícios que justificam o primeiro princípio e obter unidade de ação governamental renunciando às vantagens do dissenso regulado.

Essas observações podem sugerir uma preferência por regimes semipresidencialistas, como o tipo que se tornou comum nas constituições europeias, especialmente nas décadas posteriores à Segunda Guerra Mundial. Entretanto, a arquitetura constitucional desses regimes oferece, na melhor das hipóteses, um ponto de partida para a ativação dos primeiros dois princípios de desenho institucional. Eles pouco fazem para estimular e institucionalizar o conflito na sociedade e no Estado e, uma vez que seja instaurado, para resolvê-lo rápida e decididamente. Por exemplo, a constituição francesa da Quinta República consente com um tempo político lento no caso de divergência entre o presidente e a maioria no parlamento ("coabitação"), em vez de operar no tempo rápido facilitando a antecipação das eleições, tanto para a presidência quanto para o parlamento, ou convocando plebiscitos e referendos programáticos abrangentes.

O inimigo do segundo princípio é a falsa premissa da relação inversa entre contradição na sociedade e sua expressão no Estado, de um lado, e facilitação da iniciativa central, de outro. Não pode haver fortaleza em um deserto de interesses e opiniões. O objetivo é aumentar a temperatura enquanto se acelera o passo: "cometer erros o mais rapidamente possível."

O terceiro princípio no desenho institucional da democracia de alta energia é o princípio da devolução. Iniciativa central forte, garantida por uma resolução rápida de impasses (segundo princípio) e informada pela estimulação e fortalecimento da diferença na sociedade e no Estado (primeiro princípio) deveria se combinar com oportunidades para que partes do país (visto territorialmente) ou mesmo partes da economia (vista setorialmente) se descolem do caminho nacional dominante definido pela iniciativa central forte, para assim criarem contramodelos do futuro nacional.

A ideia intuitiva central que motiva esse terceiro princípio é que, ao passo em que o país segue um determinado caminho ele pode e deve salvaguardar suas apostas. Tornaria isto possível resgatando alternativas rejeitadas ou imaginadas que podem ser exploradas em partes de si mesmo. Para que essa exploração seja instrutiva e persuasiva, o contramodelo deve ser testado na prática; não pode permanecer como doutrina não realizada. A estimulação e o fortalecimento da diferença na sociedade e no estado garantirão que não faltará motivação para divergir.

O contexto mais apropriado para a aplicação do princípio da devolução é a organização das relações entre governo central e local, especialmente em um sistema federativo. Sob certas condições, um governo regional ou municipal pode ser autorizado a tomar distância da legislação federal e das políticas nacionais – muito mais do que o federalismo convencional tradicionalmente permite. Um contramodelo desenvolvido – a organização de parte da vida social e econômica em linhas desviantes – favorece inovação combinada entre distintos arranjos institucionais conectados e as partes da legislação que lhes dão forma.

Uma premissa do federalismo convencional é que cada participante do sistema federativo – os estados em relação uns aos outros e cada governo municipal em comparação com outros governos municipais – deve desfrutar do mesmo grau de autonomia. A insistência na uniformidade da delegação da autoridade limita a extensão da autonomia, inibindo desvios mais radicais.

Um governo estadual ou municipal pode solicitar ao legislativo nacional e aos tribunais privilégios para introduzir um superdesvio. A legislatura decidirá se os experimentos ameaçam o interesse nacional. Os tribunais deverão decidir se ele atende dois critérios básicos: não ser irreversível e não ter por consequência a condenação de qualquer grupo a qualquer forma de desvantagem entrincheirada: desvantagem da qual o grupo não possa prontamente escapar pelas formas de inciativa econômica e ação política disponíveis.

O que vale para os sistemas federativos vale também para Estados unitários como a França ou o Reino Unido. É puro preconceito doutrinário que a iniciativa central forte não possa ser conciliada, em um Estado unitário, com devolução radical. A combinação deve ser até mesmo mais fácil de implementar e mais fértil em benefícios do que sob um sistema federativo. Tal Estado não precisará se haver com o pressuposto, característico do federalismo, segundo o qual o nível de autonomia deve ser uniforme na federação. O caráter unitário da nação cria, ao mesmo tempo, uma estrutura política que pode ser naturalmente propícia para a iniciativa central forte, a menos que os arranjos constitucionais conspirem para dividir o governo e para perpetuar impasses.

Sob um sistema federativo, assim como sob um Estado unitário, há dois caminhos para conciliar iniciativa central forte com devolução radical. O primeiro caminho é fazer com que a iniciativa central tenha escopo abrangente e somente partes limitadas do país possam exercer a prerrogativa de desvio amplo em relação à diretriz nacional. A disposição para exercer essa prerrogativa, com seus custos e riscos associados, tende a ser excepcional. O segundo caminho é tanto a iniciativa central quanto a devolução radical serem menos que abrangentes, avançando em certas partes da vida social e econômica mas não em outras, de forma que não precisem colidir – um resultado provável, dado o caráter seletivo dos programas de reformas, mesmo os mais ambiciosos.

O inimigo do princípio de devolução é a premissa segundo a qual poder central e devolvido são inversamente relacionados: quanto mais poder tiver o centro, menos poder para a periferia – governos regionais e municipais. Esse modelo hidráulico, ou essa concepção de uma quantidade total fixa de poder, pode parecer uma verdade autoevidente. De fato ela é falsa, como a discussão precedente mostrou. Resulta de uma falha da imaginação institucional.

O quarto princípio de desenho institucional da democracia de alta energia é o princípio do engajamento. Ele recomenda um aumento do nível de participação popular organizada na vida política. Se o segundo princípio, a resolução rápida e decidida de impasses, requer uma aceleração do ritmo da política, esse quarto princípio demanda uma elevação da temperatura da política – o grau de mobilização organizada e, portanto, sustentada. Essa elevação de temperatura é a alta energia a qual o termo democracia de alta energia se refere.

A motivação intuitiva para o quarto princípio é a visão de que uma política rica em conteúdo institucional – em capacidade de gerar e implementar alternativas e inovar em tudo, inclusive sua própria organização, sem provocar crises – deve ser uma política de alto engajamento. O engajamento não deve depender de marés momentâneas de entusiasmo e desencantamento cívico. Deve ser sustentado por arranjos institucionais, partindo do pressuposto de que instituições economizam virtude política embora não possam dispensá-la.

Nas democracias fracas atuais, as pessoas dormitam até que uma emergência nacional as acorde, confirmando a dependência da mudança à crise. No meio tempo, delegam seus assuntos para um quadro de políticos profissionais. A inevitabilidade desse resultado parece ser confirmada pelo fracasso recorrente, nos breves interlúdios revolucionários em que são testados, dos governos de conselhos populares. E as fantasias da teoria republicana radical, com sua exigência de que todos os interesses privados sejam sacrificados em nome de um compromisso cívico impessoal e absoluto, têm servido para fazer com que a cultura política das democracias fracas pareça a possibilidade mais realista de liberdade política.

A alternativa, entretanto, não é pôr o cidadão desinteressado no lugar do indivíduo portador de interesses materiais, ou reviver em sociedades de larga escala o sonho desesperançado da democracia direta, da base para o topo. A alternativa é adotar iniciativas que gradualmente aumentem o alcance de nossos poderes e interesses, permitindo que a mudança estrutural ou a reforma radical emerjam mais naturalmente na política ordinária e na vida cotidiana, sem que seja necessário o trauma (econômico ou militar) como condição de mudança.

Três conjuntos de inovações legais e institucionais são cruciais para esse propósito. O primeiro conjunto incide sobre relação entre dinheiro e política: assegurar recursos públicos para o custeio da atividade política e negar ao dinheiro privado – como distinto do empenho de tempo – influência política. O segundo conjunto é o que garante aos movimentos sociais, bem como aos partidos políticos, livre acesso aos meios de comunicação de massa estabelecidos, em especial a televisão, como condição prevista nas licenças revogáveis sob as quais eles operam. O terceiro e mais importante conjunto é o das inovações que enriquecem a democracia representativa com elementos da democracia direta, sem que se tente substituir a primeira pela segunda: por exemplo, graças à participação de comunidades locais organizadas no gerenciamento de seus assuntos e no direcionamento dos recursos governamentais; pelo engajamento da sociedade civil organizada em parceria com os governos, por meio de série de formas cooperativas ou de terceiro setor, na prestação de serviços públicos (incluindo saúde e educação); e pela utilização expandida de plebiscitos e referendos, abrangentes ou sobre questões singulares, garantindo que todas as consultas sejam precedidas por amplo debate, impulsionado pelos meios de comunicação de maior alcance.

Esses três conjuntos de iniciativas ajudam a dar efeito prático ao princípio do engajamento, ao mesmo tempo que expandem e acentuam as consequências políticas do princípio de incitação e fortalecimento da diferença. Seu efeito cumulativo é elevar o nível de mobilização política na sociedade. Para que o aumento da participação seja sustentável, ela deve ser encarada como um alargamento e não como sacrifício dos nossos interesses ordinários. Seu sentido é o nosso empoderamento por meio da redução do intervalo entre, de um lado, os movimentos ordinários que realizamos sob um regime de arranjos e pressupostos que tomamos por dados e, de outro, os movimentos extraordinários por meio dos quais – quase sempre pressionados ou provocados pela crise – lutamos pela revisão de alguma parte daquele regime.

O inimigo do quarto princípio é a ideia segundo a qual a política deve ser ou institucional e morna ou anti-institucional e quente (como no cesarismo). É uma premissa da ciência política conservadora mas também da imaginação romântica em política, que desiste de transformar a relação entre as estruturas institucionais e nossa liberdade desestabilizadora de instituições. O desafio do quarto princípio é construir uma política que seja tão quente quanto institucional. É em um tal contexto que programas como o projeto de um vanguardismo includente terá melhor chance de avançar.

15 Vanguardas includentes e o dilema do desenvolvimento econômico

Tendo caracterizado a economia do conhecimento, tanto em sua forma rasa e confinada como em sua forma aprofundada e disseminada, e tendo explorado os requisitos para o seu aprofundamento e difusão, assim como os condicionantes de segundo plano necessários ao preenchimento desses requisitos, volto-me para três perspectivas mais amplas sobre o tema. A primeira é a relação entre o vanguardismo includente e as opções atualmente disponíveis para os países em desenvolvimento. A segunda é sua relação com as políticas e com a economia politica dos países mais ricos. A terceira é a significação de minha discussão sobre a economia do conhecimento, em suas formas insular ou includente, para o aspecto mais rudimentar da vida econômica: a acomodação recíproca ou o equilíbrio recorrente entre oferta e demanda. Essa terceira perspectiva oferece uma base a partir do qual compreender as implicações do argumento deste livro para alguns problemas centrais da teoria econômica. Ela reivindica a conjetura de Adam Smith e Karl Marx segundo a qual o estudo da prática mais avançada de produção é o melhor caminho para compreender as dimensões mais profundas e universais da vida econômica.

Os países em desenvolvimento enfrentam, na atualidade, um aparente dilema. A fórmula central do desenvolvimento econômico da segunda metade do século XX era alcançar os países desenvolvidos graças à industrialização, entendendo sob esse termo a implantação do produção em massa fordista em sua forma canônica. Essa forma parou de funcionar, por motivos que discutirei adiante. A alternativa a essa fórmula – chegar a uma versão inclusiva e de base ampla da economia do conhecimento – parece inacessível. Se nem mesmo as economias mais ricas, com os mais potentes recursos educacionais e capacidades institucionais, parecem ter conseguido avançar nessa direção, como alguém poderia esperar que países em desenvolvimento, mais deficientes no cumprimento desses requisitos, consigam fazê-lo?

A velha estratégia falhou. A nova é muito exigente e parece muito distante para ser um substituto viável da primeira. Hoje, todos os que estudam o desenvolvimento devem partir, em suas reflexões, desse dilema; ele tornou-se o desafio prático mais urgente ao crescimento econômico e expõe a inadequação das ideias sobre desenvolvimento hoje disponíveis.

Recordemos a mensagem principal da economia do desenvolvimento clássica. No longo prazo, o crescimento econômico é limitado por dois fundamentos: educação e instituições. Como observado acima, apesar do aceno à formação de "capital humano", a economia do desenvolvimento tem pouco a dizer sobre conteúdo, método e contexto institucional da educação. O motivo é simples: a industrialização no estilo da produção em massa, o real objeto do desejo da economia do desenvolvimento clássica, exige pouco da educação. A necessidade central era de trabalhadores que se movessem como suas máquinas; educação demais só traria problemas.

No plano das instituições, o outro fundamento, a economia do desenvolvimento contentou-se, em geral, com recomendar uma versão mal ajustada de instituições econômicas prontas e encontráveis em suas circunstâncias históricas:

uma economia de mercado mista e regulada. A única coisa que importava era se os investidores teriam segurança em relação a sua propriedade e ao fluxo de renda por ela gerado, e se o Estado abrigaria um aparato burocrático devotado à estratégia de desenvolvimento de longo prazo e a sua tradução em políticas no curto prazo.

A principal mensagem da economia do desenvolvimento clássica, porém, estava em outro lugar. A melhor forma de impulsionar o crescimento econômico em curto e médio prazo seria deslocar trabalhadores e recursos dos setores menos produtivos para setores mais produtivos da economia: na prática, da agricultura para a indústria, sob o modelo da produção em massa padronizada. O caráter estereotipado das tecnologias e capacitações exigidas pela produção em massa e a modéstia relativa de seus requisitos educacionais e institucionais significavam que o aumento da produtividade, e, portanto, do crescimento, poderia ser obtido em um período curto. Poderia continuar avançando até esbarrar em limites devidos à incapacidade de obter avanços correspondentes em relação a seus fundamentos. Mas essa colisão com restrições antecedentes, em vez de ameaça, pode servir como alerta para a superação desses limites e, assim, dar continuidade à mudança iniciada com a transferência de trabalhadores e recursos para o setor que representava a prática de produção mais avançada: a indústria fordista. Em uma economia mundial na qual a produção em massa relativamente capital-intensiva estava associada às economias ricas, industrialização significava ascender na hierarquia da divisão internacional do trabalho.

Os países em desenvolvimento não podem mais se fiar nessa recomendação para sustentar o crescimento econômico e reduzir a distância que os separa das economias mais ricas. Alguns têm sofrido o que vem sendo descrito como desindustrialização prematura. Outros tentaram aumentar a sobrevida da produção em massa combinando baixos salários (em comparação aos padrões internacionais) com ocupação de nichos especializados e subordinados nas cadeias de valor globais. Abraçaram o lado comoditizado de negócios que, em sua materialização superior, tipicamente em um pais rico e distante, exemplifica a familiar forma insulada da produção experimentalista e intensiva em conhecimento. Somente alguns poucos países (especialmente China e Índia e, em menor grau, Rússia e Brasil) conquistaram, sempre no modo insular, um posto avançado na economia do conhecimento cosmopolita.

Há razões múltiplas e conectadas para que a recomendação padrão da economia do desenvolvimento em favor da industrialização tenha parado de funcionar. Primeiro, a produção avançada, a partir de suas bases globais insuladas, torna-se cada vez mais apta a sobrepujar a produção em massa tardia. Pode fazê-lo diretamente, encontrando meios para produzir com maior eficiência, e com melhorias, os produtos da indústria tradicional. Sob o sistema do que chamei hipervanguardismo, pode fazê-lo também terceirizando as partes padronizadas de suas linhas de produção para fornecedores normalmente localizados em outras economias, com salários e impostos mais baixos. A produção em massa, então, torna-se satélite das cadeias de produção globais, em vez da vanguarda que a economia do conhecimento acreditava ser.

Segundo, nesse contexto, a industrialização tradicional deixa de estar associada com ascensão na divisão internacional do trabalho. A fronteira mais importante da divisão na economia global não é mais aquela que separava a indústria do resto – especialmente a agricultura –, é entre as franjas de produção avançada estabelecida nos diversos setores, inclusive agricultura (científica), e o resto.

Terceiro, as distinções claras entre setores, uma premissa fundamental da mensagem da economia do desenvolvimento clássica, começam a se dissolver. Sua própria existência ou a menção a ela são indícios de atraso relativo. A economia do conhecimento sob todas as suas formas, rasa e confinada ou desenvolvida e disseminada, subverteu essas distinções. Erodiu, especialmente, a divisão entre manufatura e serviços.

Quarto, a indústria de produção em massa continua a ser viável, onde ela subsiste, à base de uma corrida por salários mais baixos e menos impostos, à medida que a arbitragem fiscal e do custo do trabalho torna-se o fator determinante para a localização da manufatura. Trabalho barato e um Estado esvaziado de recursos para investir em pessoas e em educação, como também em transporte, comunicações e infraestrutura de energia, desencorajam o movimento em direção à vanguarda.

Mas qual a alternativa à fórmula vencida da economia do desenvolvimento clássica? (A economia do desenvolvimento que a sucedeu abandonou, em grande parte, qualquer visão ou recomendação de caráter mais geral. Buscou refúgio em microestudos sobre os efeitos diferenciais de diferentes medidas de combate à pobreza. A economia do desenvolvimento clássica tinha uma visão estrutural defeituosa. Sua sucessora, em consonância com a vertente dominante das ciências sociais contemporâneas, prefere não ter qualquer visão estrutural.) A alternativa seria a transformação em direção ao vanguardismo includente, por meio dos passos

161

intermediários que forem necessários, nas circunstâncias de uma economia em desenvolvimento atual, para chegar até lá.

Nesse ponto, contudo, aqueles que procuram pela alternativa à antiga mensagem podem se sentir desapontados. Se o vanguardismo includente permanece uma meta improvável e quase heroica, mesmo nas economias que parecem menos distantes de suas promessas, como implementá-lo em sociedades nas quais os requisitos educacionais, morais e institucionais parecem estar muito menos desenvolvidos? Estes são, em geral, aqueles países que continuam em luta com a educação básica e o direito, que frequentemente combinam extremos de desigualdade com uma instabilidade de direções e regimes somente interrompida pelo despotismo, aberto ou velado. Como, poderiam objetar seus cidadãos, você pode nos pedir o máximo se nossa capacidade para garantir o mínimo continua fraca?

Antes de tentarmos uma possível resposta a essa objeção, vejamos como o problema se apresenta em uma economia particular: o Brasil do início do século XXI. O exemplo em questão sugere que o desafio representado pela busca do vanguardismo includente é inescapável para os países em desenvolvimento, mas também para as economias mais ricas. Também nos ajudará a começar a redefinir o problema de modo a torná-lo passível de solução.

O núcleo da indústria brasileira, estabelecido na região sudeste do país e especialmente no estado de São Paulo, sob inspiração da economia do desenvolvimento clássica, seguiu o modelo da produção em massa. Desde o início de sua implantação, ela era tardia. Alcançou e, em geral, conseguiu manter padrões de excelência na manufatura. Fez isso, porém, sob a sombra do que crescentemente se tornou um estilo de produção industrial retrógrado em seu núcleo tecnológico e organizacional. Esse fordismo tardio continua competitivo somente ao preço de restrições severas aos retornos para os trabalhadores e da dependência de apoio estatal, normalmente sob a forma de crédito subsidiado e vantagens fiscais, prodigalizados sob a capa do keynesianismo vulgar. A economia do conhecimento surgiu no Brasil somente em uma forma muito confinada: empresas *start-up* e manufaturas e serviços de alta tecnologia lançados em poucos lugares do país. Uma notável rede de escolas técnicas quase estatais e centros de apoio – uma herança do corporativismo da era Vargas – tem sustentado essas iniciativas isoladas na manufatura avançada. O Estado tem sob seu comando bancos públicos poderosos, inclusive um dos maiores bancos de desenvolvimento do mundo. Possui igualmente uma entidade devotada a uma das mais difíceis e incomuns formas de assistência aos pequenos negócios: orientação para o aperfeiçoamento de práticas produtivas – um tipo de serviço de extensão não agrícola. A doutrina desenvolvida na prática dessa orientação inclui o conceito de "arranjos produtivos locais", que descreve parcerias descentralizadas entre governos e empresas emergentes, bem como práticas de competição cooperativa entre empresas.

Uma personagem que desempenha papel estratégico em muitas economias contemporâneas – a empresa avançada de médio porte – tem sido, no entanto, grandemente negligenciada. E nenhum entre os dispositivos institucionais do Estado brasileiro ou das teorias do desenvolvimento – da industrialização por substituição de importações à busca por confiança financeira – salvou o país de se tornar um dos mais gritantes exemplo de desindustrialização prematura.

No rastro do *boom* do preço das *commodities* na primeira década do século XXI e da demanda chinesa por produtos agrícolas, pecuários e minerais, o percentual de participação da indústria no produto nacional e nas exportações caiu dramaticamente. Em vez de ser substituído ou reconvertido, o fordismo tardio simplesmente atrofiou. O Brasil viu a si mesmo envelhecendo sem enriquecer e despedindo a produção em massa antes de alcançar a economia do conhecimento.

Nesse ínterim, o país continua sustentando uma das mais vibrantes culturas empresariais do mundo. Essa cultura encontrou terreno fértil para se desenvolver em uma segunda pequeno-burguesia mestiça e em milhões de trabalhadores brasileiros pobres que buscaram seguir seus passos e adotaram sua cultura de autoajuda e iniciativa. Fizeram-no sem ter à disposição os meios para realizar suas aspirações.

Em algumas das partes mais pobres do país, como o sertão semiárido do Nordeste, é possível encontrar áreas, como a da indústria têxtil do interior de Pernambuco, nas quais coexistem práticas, entes jurídicos e mesmo tecnologias da história do capitalismo europeu, desde o sistema de encomenda domiciliar do século XVII até a produção em massa tardia do final do século XX. Essa riqueza de cultura empresarial permaneceu desequipada e sem orientação mas se mantém, quase milagrosamente, resiliente. Ali estaria a matéria-prima para uma nova agenda de desenvolvimento nacional, se uma tal agenda existir.

A questão posta por essas circunstâncias era se o país como um todo deveria primeiro se tornar a São Paulo de meados do século XX para depois transformar-se em outra coisa, penando no purgatório do fordismo tardio, ou se o país e seu governo poderiam organizar a passagem direta do pré para o pós-fordismo fora dos velhos centros industriais do sudeste. A primeira resposta à questão parece não oferecer qualquer esperança, por todas as razões listadas no início desta seção: refazer o caminho anterior não implica alcançar os resultados anteriores. Mas a última resposta parece exigir realizações inalcançáveis, para as quais não existe ainda modelo pronto em todo o mundo. Esta é simplesmente a versão brasileira do dilema do desenvolvimento descrito no início desta seção. O exemplo brasileiro ilustra diversos aspectos desse dilema. O primeiro deles é que trata-se de um falso dilema. O avanço do vanguardismo includente é difícil sob quaisquer condições, especialmente as condições de um país em desenvolvimento. O esforço para dar sobrevida à produção em massa e usá-la como veículo da "convergência incondicional", como pretendia a economia do desenvolvimento clássica, não tem qualquer chance de funcionar, por todos os motivos acima listados.

Devido às circunstâncias nas quais a produção em massa fordista deixa de ser a prática de produção mais avançada, a mensagem da economia do desenvolvimento clássica adquire um tom mais restritivo e menos confiante: faça a industrialização convencional e aguarde seu lugar na fila. Essa mensagem tem o apelo da aparente modéstia; propõe persistir em um caminho bem conhecido. Ela é incapaz, porém, de dar conta das transformações irreversíveis na evolução de nossas capacidades produtivas e, em consequência, também na divisão global do trabalho.

A defesa dessa mensagem apoia-se em uma visão pela qual todas as economias devem seguir a mesma sequência evolutiva inexorável, revivendo em um momento histórico posterior, como seu suposto futuro, o passado e os estilos de produção de outras economias que já os superaram. A natureza da prática de produção mais avançada não mudou em um único lugar. Mudou e tornou-se manifesta em todas as grandes economias do planeta. Sua presença inviabiliza, tanto diretamente quanto por seus impactos sobre a divisão internacional do trabalho, o uso da produção em massa como meio de ascensão para um nível de desenvolvimento nacional mais elevado. No caso do Brasil, uma tentativa de transformar o resto do país na São Paulo de meados do século XX produziria algo muito distante de um tal mundo perdido: um retrocesso compreendido como retirada e rendição: retirada em relação à vanguarda mundial e rendição face aos países e empresas que alcançaram a fronteira da produção.

O segundo aspecto exemplificado pelo caso brasileiro é a presença abundante, nesse país como em muitas outras partes do mundo, do ingrediente principal do vanguardismo includente. Não é um dos condicionantes (abordados nas seções anteriores) que distinguem-no das práticas de produção mais avançadas anteriores. É um recurso crucial para a formação de todas essas práticas avançadas: uma vitalidade inquieta e um impulso empreendedor amplamente distribuído pela sociedade. Sua forma de consciência característica é mais pequeno-burguesa que proletária, mesmo entre as grandes massas de trabalhadores que continuam pobres. Eles aspiram a um nível modesto de prosperidade e independência. O objeto de desejo padrão é o pequeno negócio familiar tradicional e retrógrado. A tragédia econômica maior é o desperdício dessa energia humana, desse vasto estoque vital, rejeitado, reprimido e rebaixado pela falta de oportunidade e instrumentos.

Em nenhuma economia a produção em massa empregou mais do que uma pequena fração dos candidatos à inclusão nesse mundo de autoajuda e iniciativa. Sua associação à indústria e sua dependência de escala como lado inverso da padronização sempre impediu que funcionasse como solução para a maioria. A economia do conhecimento, hoje conhecida sob a forma elitizada do vanguardismo insulado, não sofre a mesma restrição. Contudo, o caminho para o vanguardismo includente é árduo.

Canalizar essa energia humana para um crescimento econômico de escopo amplo, nas circunstâncias de um país em desenvolvimento, exige o enfrentamento de dois problemas – um, político e estratégico; outro, conceitual e institucional. O problema político e estratégico é o preconceito da esquerda, que deveria abraçar a causa do vanguardismo includente, não somente contra a classe dos pequenos empresários mas também contra suas atitudes morais e ambições materiais. Em vez de compreender a classe dos pequenos empreendedores em seus próprios termos e ajudá-los a expandir a visão da forma que seus sonhos poderiam assumir, a esquerda tradicionalmente elege a pequena burguesia como inimiga, com consequências desastrosas, como demonstra a história do século XX europeu.

O problema conceitual e institucional é a necessidade de oferecer ao pequeno-burguês, real ou adventício, caminhos para satisfazer suas ambições outros que não a forma padrão do negócio familiar isolado e antiquado. Esta é a agenda apresentada em minha discussão anterior dos condicionantes legais e institucionais do vanguardismo includente. Ela começa e termina na reconstrução institucional da ordem de mercado: incialmente, com pequenos ajustes nos meios de acesso aos recursos produtivos e, em seguida, por meio de inovações institucionais que possibilitem coordenação descentralizada, pluralista e experimental entre governos e empresas e, finalmente, pela expansão fundamental dos termos em que os agentes econômicos descentralizados possam fazer uso do capital da sociedade e demandar trabalho uns dos outros.

Um terceiro ponto ilustrado pelo exemplo do Brasil é o fato de que a maquinaria institucional com a qual iniciar uma tal remodelagem da ordem de mercado a favor do vanguardismo includente encontra-se dispersa, em fragmentos e geograficamente. Pedaços dela são encontráveis em todas as grandes economias. Ela não precisa ser criada do nada. Assim, o Estado brasileiro e mesmo os governos estaduais já possuem muitos dos elementos necessários para o primeiro estágio das inovações institucionais que descrevi: bancos de desenvolvimento, organizações voltadas para auxiliar os pequenos negócios a melhorar suas práticas, entidades voltadas para o desenvolvimento e transferência de tecnologias, adaptando-as às condições e capacidade de assimilação de empresas pequenas relativamente atrasadas, e uma rede quase-estatal de escolas técnicas, inclusive escolas e centros de apoio voltados para a manufatura avançada. O que continua faltando é uma estratégia para reunir esses instrumentos e colocá-los a serviço de uma agenda de vanguardismo includente. Mais significativa que essa falta de orquestração de formas de acesso é a inexistência de uma concepção teorética e programática de desenvolvimento pós-produção em massa.

O dilema do desenvolvimento não é um dilema genuíno, afinal. O primeiro lado do dilema – a opção por insistir no caminho proposto pela economia do desenvolvimento clássica e aceitar a produção em massa convencional como ponto de chegada realista – faz promessas que não pode cumprir. O que oferece, na melhor das hipóteses, é uma atuação conservadora sem proposta de futuro.

Na ausência de uma visão detalhada sobre como abordar a meta aparentemente inacessível do vanguardismo includente, essa posição defensiva adquire a aura imerecida de realismo: pode se fiar na solidez ilusória do familiar. No início do século XXI, nos países ricos do Atlântico Norte, a última linha de defesa da produção em massa declinante contra a competição externa e doméstica tornou-se parte importante do programa econômico do populismo de direita e da social-democracia convencional. A influência desse programa nos países ricos, por sua vez, aumentou seu prestígio nos países em desenvolvimento, por obra do mecanismo bastante bem consolidado do colonialismo mental.

O outro lado do dilema – a reinvenção do vanguardismo includente no contexto de um país em desenvolvimento – é, apesar de sua dificuldade, a única alternativa realista. A chave para sua implementação é quebrar a tarefa aparentemente impossível em elementos menores e implementá-la em estágios. Como sugerido quando da descrição dos requisitos legais e institucionais do vanguardismo includente, ela não é como um sistema que precisamos aplicar. É um caminho que precisamos desbravar, revisando o mapa ao longo do percurso. O desenvolvimento combinado e desigual ao longo dessa trajetória não é somente uma maneira possível de fazer essa caminhada; deve ser possivelmente a única.

Não há razão para esperar que as oportunidades para estabelecer uma forma includente da economia do conhecimento sejam mais limitadas nos maiores países em desenvolvimento do que nos países ricos. Compare-se com o debate entre os seguidores de Marx sobre se seria mais correto esperar que a superação do capitalismo ocorresse primeiramente nas economias centrais para só então estender-se para o resto do mundo. O raciocínio baseia-se na mesma premissa de uma sucessão evolucionária unilinear de formas de organização econômica e social que informava a teoria econômica e social de Marx. As economias avançadas seriam o contexto apontado pela história para a transição do capitalismo ao socialismo, porque elas e somente elas teriam completado todos os estágios do trajeto indispensável. A história sucedeu diferentemente. É verdade que a transição realizada sob condições de atraso relativo não foi capaz de se conformar, em resultado e em processo, ao modelo apresentado pela teoria. No entanto, tampouco teria se conformado a esse modelo no contexto de economias avançadas, como mostram as breves experiências dos regimes sociais revolucionários instalados na Europa Ocidental no rescaldo da Primeira Guerra Mundial.

Aquilo que a ideia da prioridade das economias centrais sobre as periféricas falha em reconhecer é a insubstituível vantagem da agitação, da rejeição de arranjos institucionais importados de outros lugares, que não funcionam como no local de onde foram tirados e não são capazes de satisfazer sequer as necessidades básicas, tampouco as esperanças mais elevadas. Nas economias centrais, uma abertura a alternativas mais radicais acaba por se tornar mais difícil de conseguir sem o estímulo da calamidade econômica ou militar. Mesmo com tais incitações, a solidariedade nacional e transnacional entre elites normalmente se mostra rápida o suficiente para fechar a janela da oportunidade histórica e restaurar uma ordem infensa a qualquer confronto entre alternativas mais radicais.

Nos países em desenvolvimento – especialmente naqueles suficientemente grandes para imaginarem a si mesmos como focos de resistência às forcas e ideias dominantes no mundo – duas forças frequentemente convergiram para desviá-los da oportunidade de desenvolver a economia do conhecimento sob a forma includente ao invés da insulada. A primeira força é a debilidade da democracia, sacrificada ao despotismo coletivista ou subtraída de seu potencial transformativo pela imitação dos arranjos constitucionais das sociedades do Atlântico Norte.

A segunda força é o colonialismo mental: a subordinação da vida intelectual nesses países às correntes de pensamento prevalecentes na parte mais rica e resignada do mundo. O antídoto ao colonialismo mental não é o cultivo de heresias locais a respeito do desenvolvimento e instituições. É a formulação e propagação de uma mensagem que seja tão universal em suas orientações quanto as mensagens às quais ela se opõe: heresias universalizantes contra ortodoxias universais. O programa do vanguardismo includente não é um luxo reservado exclusivamente às sociedades que tenham atingido os limites das formas estabelecidas de produção. Dentre outras coisas, ele é uma resposta a um fato: a fórmula mais aceita para o desenvolvimento econômico parou de funcionar mundo afora.

171

16 Vanguardas includentes e a economia política dos países ricos

A incapacidade para desenvolver a economia do conhecimento sob a forma inclusiva – ou mesmo imaginar um tal desenvolvimento como um projeto político-econômico – tem enormes consequências para os países ricos e para as correntes de esquerda e de direita em sua política. Não podemos entender o que aconteceu ou o que poderia acontecer em sua vida política se não fizermos justiça à influência das ideias. Forças tecnológicas e econômicas ou interesses de classe, sozinhos, não podem explicar a direção assumida pela política nesses países ou descobrir como aceleraram o crescimento e reduziram a desigualdade.

A experiência histórica dessas e de todas as demais sociedades atesta o papel formativo das ideias e da falta delas. Considerem, como exemplo desse papel e como pano de fundo para os problemas abordados nesta seção, a evolução da agenda abraçada, nos Estados Unidos e outras sociedades do Atlântico Norte, por progressistas e reformadores, dos anos 1930 em diante.

Franklin Roosevelt e muitos de seus colaboradores eram experimentalistas genuínos e declarados em relação a instituições e políticas. A Grande Depressão e a Segunda Guerra Mundial ofereceram uma oportunidade extraordinária para a invenção de uma agenda transformadora. Entretanto, o experimentalismo institucional do início do New Deal tinha como princípio organizativo a ideia corporativista de uma ação concertada entre governo federal e grande negócio. Seu objetivo central era a reestabilização, e não a democratização, da ordem do mercado – um esforço posteriormente retomado, como represália, sob o contexto da economia de guerra. Em suas suposições otimistas sobre o impacto da ação do Estado sobre o mercado, assim como nos detalhes de muitas de suas políticas de recuperação e geração de emprego, o New Deal foi parecido com as respostas à depressão dadas por outros governos do mesmo período histórico, incluindo o regime nazista em seus primeiros anos.

Políticos e administradores, então como agora, presumiam que as ideias de que necessitavam surgiriam quando fossem necessárias. Pensaram que os únicos obstáculos que teriam que enfrentar seriam aqueles do poder e do interesse. Tanto o democrata experimentalista norte-americano quanto o impiedoso ditador alemão estavam à mercê das ideias então disponíveis. Para encontrar alternativas ao corporativismo não bastava querer encontrá-las.

Na evolução do New Deal, o influxo corporativista favoreceu um foco mais aguçado na provisão de garantias contra a insegurança econômica (o programa de Seguridade Social foi o exemplo mais importante). Ao desenvolvimento de antídotos contra a insegurança econômica seguiram-se, após a guerra e a economia de guerra, políticas voltadas para fomentar o consumo de massa. A virada em direção ao consumo massificado foi facilitada pela expansão do crédito e do endividamento, pelos fortes desequilíbrios entre economias superavitárias e deficitárias e pelo gerenciamento contracíclico da economia no espírito do keynesianismo popular.

Ao longo dessa trajetória, os pressupostos permaneceram idênticos. Segundo esses pressupostos, o Estado poderia regular a economia de mercado de forma mais intensiva e atenuar suas desigualdades pós-fato, por meio da tributação progressiva e do gasto social. O que ele não poderia fazer seria reinventar os arranjos constitutivos institucionais e legais de uma ordem de mercado – eles são o que são. Uma forma de pensamento que seja útil ao avanço de uma versão inclusiva da economia do conhecimento deve desafiar esses pressupostos. Dentre os condicionantes de uma tal alternativa, sobressaem os requisitos institucionais e legais, compreendidos como um caminho a seguir mais do que uma fórmula ou sistema a ser aplicado. O caminho começa com medidas que fazem parte do repertório estabelecido de ideias sobre políticas. Mas ele se move em direção a inovações nos regimes legais de propriedade e trabalho. Essas inovações pretendem mais do que ampliar ou reduzir o espaço do mercado e do Estado face um ao outro. Elas põem uma ordem de mercado em lugar de outra.

Essa história de ideias e experimentos ajuda a compreender os discursos da política e da economia política contemporâneas. Por algum tempo, o projeto dominante das elites de governo na América do Norte e na Europa ocidental foi a conciliação da flexibilidade econômica norte-americana com a proteção social europeia no contexto de uma versão mal ajustada das instituições econômicas e da legislação herdadas.

A linha principal de evolução, no centro das políticas nacionais, foi tornar a social-democracia mais "flexível", em nome da equidade bem como da eficiência, tornando ao mesmo tempo o liberalismo mais "social". O principal caminho para liberalizar a social-democracia foi a revisão das leis que salvaguardavam os trabalhadores inseridos na parte estável e capital-intensiva do mercado de trabalho, em detrimento dos desempregados e trabalhadores em posições instáveis e precárias. Foi, igualmente, propor direitos sociais e econômicos que fossem universais e portáveis, independentes da detenção de um emprego em particular.

A aposta principal para tornar o liberalismo mais social foi a ampliação das garantias contra a insegurança econômica, proporcional aos ganhos com a flexibilização do mercado de trabalho. Tornou-se frequentemente uma promessa descumprida. Seu cumprimento exigiria um Estado adequadamente financiado (como foi quase sempre o caso dos países do Atlântico Norte nos trinta anos entre 1945 e 1975) atuando em um contexto de crescimento econômico acelerado. Esse crescimento exigiria um aumento sustentado da produtividade, possibilitado pela difusão ampliada da prática de produção mais avançada para o conjunto da economia. Liberalizar a social-democracia sem que o liberalismo se torne social equivale a esvaziar a social-democracia, tornando essa pretensa síntese, de fato, em defecção.

A ausência de uma forma includente da economia do conhecimento, como ideia viva e capaz de influenciar e não simplesmente como um alvo econômico e político remoto, contribuiu para moldar a política e a gestão nos países ricos, à direita e à esquerda mas também ao centro. Ajudou indiretamente, por suas consequências para a estagnação econômica e a desigualdade. Mas também diretamente, por seu efeito sobre os pressupostos relacionados com as alternativas aos rumos atuais da política econômica e do crescimento econômico. Esse vazio exerceu uma influência tão poderosa quanto a falta de alternativas à concertação corporativista entre governo e empresas na crise dos anos 1930.

À esquerda do centro socialdemocrata e social-liberal que descrevi acima, encontra-se uma esquerda que perdeu a fé na direção governamental da economia, mas reconhece a inadequação da social-democracia institucionalmente conservadora e de sua versão liberalizada como caminhos para atingir os objetivos históricos do progressismo. À direita de tal centro e de seu programa de liberalização da social-democracia e tornar o liberalismo social, está o populismo de direita. Ele parece ter conquistado a confiança da maioria da classe trabalhadora, cujos problemas e aspirações o projeto daquele centro político tem sido incapaz de solucionar e mesmo de apreender.

Consideremos os pressupostos compartilhados por essa direita e por essa esquerda e a forma como a disputa entre eles poderia ser transformada pelo reconhecimento da alternativa do vanguardismo includente.

Primeiro, ambas as vertentes continuam a supor, como os liberais clássicos e os conservadores mas também os marxistas, do século XIX em diante, que a economia de mercado ou "capitalismo" tem uma arquitetura legal e institucional intrínseca, aberta somente a um raio limitado de variação, como as diferenças estudadas sob o rótulo de "variedades do capitalismo". Esse pressuposto compartilhado já exclui o programa do vanguardismo includente, que exige, para seu desenvolvimento, além dos passos iniciais, inovação em arranjos tão fundamentais quanto aqueles que definem o regime de propriedade e a forma jurídica do trabalho livre, assim como os termos em que o Estado – ou entidades descentralizadas que ele estabeleça – pode trabalhar em conjunto com as empresas e como estas podem cooperar umas com as outras.

Segundo, como não conseguem enxergar qualquer forma alternativa de organização do mercado, não podem desenvolver uma abordagem transformadora para o lado da oferta da economia. Os progressistas, em grande parte, abandonaram o lado da oferta aos conservadores e deram primazia a políticas orientadas para a demanda. O projeto orientado para a oferta dos conservadores não é mais que a preservação ou restauração de uma ordem de mercado cujo conteúdo legal e institucional consideram autoevidente. Desdenham qualquer tentativa de revisão legal institucional da economia como intervencionismo governamental e não conseguem compreender a diferença entre reconstruir o mercado e suprimi-lo. Não podem, ou não poderão, imaginar a existência de uma ordem de mercado diferente.

Terceiro, na ausência de alternativas estruturais, essa esquerda e essa direita conformam-se em defender a produção industrial em massa tardia ao contrário de lutar por sua reconversão para a manufatura avançada e serviços associados – a forma assumida pela economia do conhecimento nessas áreas da vida econômica. Acordos amigáveis com empresas que ameaçam sair ou reduzir sua presença no país e restrições ao comércio pertencem à mesma orientação.

Uma coisa é apoiar a produção em massa tradicional como forma de ganhar tempo, no decorrer de um esforço para convertê-la em seu sucessor mais avançado. Outra coisa é usar a sobrevida da manufatura fordista como substituto da alternativa perdida. Essa é uma política de desespero, sem futuro, pelos mesmos motivos por que ela não tem mais futuro nos países em desenvolvimento, apesar da autoridade que ainda conserva a economia do desenvolvimento clássica.

Quarto, essa esquerda e essa direita consentem com o uso de políticas de afrouxamento monetário (política monetária expansionista implementada pelo Banco Central) como estratégia residual de crescimento econômico. As restrições fiscais que pesam sobre a iniciativa governamental limitam o papel da política fiscal expansionista, assim como projetos de investimento público massivo – especialmente em infraestrutura física. A ausência aparente de alternativas estruturais restringe drasticamente o espaço para o debate programático. Dinheiro fácil, entretanto, não pode substituir a estratégia ausente de crescimento econômico; seu poder para estimular o crescimento e o emprego é rapidamente exaurido.

As diferenças entre esquerda e direita – em relação à regulação da atividade econômica, no nível, no financiamento e no caráter redistributivo dos serviços públicos e direitos sociais, e em relação às virtudes da tributação progressiva e, mesmo, à aplicação de recursos públicos no desenvolvimento de tecnologias – são reais. Entretanto, essas diferenças se reduzem a questões de grau na formulação e implementação de políticas. Os pressupostos compartilhados no campo da política econômica prática, que enumerei acima, limitam a significação dessas diferenças. Eles dão sobrevida ao projeto centrista de combinar flexibilidade econômica com proteção social, de liberalizar a social-democracia e tornar o liberalismo social, ainda que o fracasso em gerar crescimento econômico socialmente inclusivo já tenha erodido a autoridade desse projeto.

Essa redução do horizonte da política e da economia política prática tem um pano de fundo histórico que ilumina sua significação: o pacto socialdemocrata de meados do século XX e a incapacidade das correntes de centro, esquerda e direita que descrevi para reabrir os termos daquele compromisso. Podemos entender esse pacto como uma barganha preparada no período turbulento que precedeu a Segunda Guerra Mundial, que funcionou nas três primeiras décadas após a guerra. Sob a égide dessa barganha, as forças que buscavam transformar a organização da produção e do poder renunciaram ao desafio (ou foram relegados às margens da política nacional quando não puderam renunciar a ele). Por sua vez, o Estado havia conquistado o poder de regular mais intensivamente a economia, atenuar desigualdades econômicas por meio da tributação progressiva e do gasto social e aplainar a instabilidade econômica graças a políticas monetária e fiscal contracíclicas. O abandono de qualquer tentativa de reimaginar e refazer a ordem do mercado tornou-se mais do que uma ideia; foi inscrito nas instituições e práticas, assim como nas doutrinas desses países. Ele definiu o contexto institucional e ideológico das correntes progressistas, conservadoras e centristas que descrevi. Suas premissas derivam de seus pressupostos.

Nenhum dos problemas fundamentais das sociedades contemporâneas, no entanto, podem ser solucionados, ou sequer abordados, sob as coordenadas institucionais e ideológicas desse pacto. Abordá-los e resolvê-los exigirá que reabramos os termos do pacto socialdemocrata, inovando em nossas instituições políticas e econômicas. Teremos que fazê-lo, contudo, da única forma pela qual a transformação estrutural é normalmente possível, pedaço por pedaço e passo a passo. Ela não ocorrerá como uma substituição total de um sistema institucional predefinido por outro, à maneira das agendas programáticas radicais dos séculos XIX e XX.

Entre esses problemas está a segmentação hierárquica da economia entre os setores avançado e atrasado, que nega à maioria da população os meios com os quais ser mais produtiva e destrói as bases para o crescimento econômico socialmente includente. A incapacidade do compromisso socialdemocrata, em sua forma histórica ou em sua forma atualizada, para resolver estes e outros problemas das sociedades avançadas leva à frustração tão saliente em nossa vida política atual: a convicção, por parte da maioria da classe trabalhadora, de que seus sonhos e interesses foram sacrificados.

Vemos aqui a relevância do programa do vanguardismo includente para os países ricos. Ele só é capaz de oferecer uma resposta para a estagnação econômica e para a desigualdade porque seus pressupostos, assim como suas propostas, são distintas das posições centristas, esquerdistas e direitistas que descrevi. Ele reabre os termos do pacto de meados do século XX, insistindo naquilo que esse acordo excluiu: a tentativa de refazer os arranjos que definem o mercado, em vez de simplesmente dar ao mercado ou ao Estado mais ou menos poder relativo um sobre o outro.

Visto nesse contexto, o vanguardismo includente é mais do que uma ideia a respeito da economia. Faz parte de um posicionamento na política e na economia política prática. É o primeiro e mais importante de três temas conectados que formam o conteúdo central dessa economia política prática. Os outros dois temas são a relação entre finança e economia real e a relação entre trabalho e capital.

A finança deveria ser bom servo, em vez de ser mau senhor. Deveria servir à agenda produtiva da sociedade no lugar de ter permissão para servir a si mesma. O financiamento para a criação de novos ativos, sob novas formas, hoje uma pequena parte da atividade do mercado de capitais, deveria ser a maior parte. A economia do conhecimento requer inovações radicais intensivas em capital, não somente inovações poupadoras de capital e de recursos. Podemos caminhar nessa direção por meios positivos ou negativos. Podemos nos mover negativamente desencorajando a atividade financeira que não traz qualquer contribuição visível para os resultados e o aumento da produtividade. Podemos nos mover positivamente criando arranjos que canalizem capital para a produção, especialmente para a criação de novos ativos sob novas formas, e combinar acesso ao capital e acesso à tecnologia avançada, conhecimento e prática.

A busca da elevação da produtividade para além das vanguardas insulares às quais a economia do conhecimento permanece confinada requer igualmente uma série de inovações legais e institucionais que fortaleçam a posição do trabalho frente ao capital. Uma curva ascendente dos retornos do trabalho tem sido, historicamente, condição quase indispensável para o progresso sustentado na implementação de inovações que aumentem a produtividade. Sobretudo, o empoderamento do trabalho impede que o potencial econômico de uma versão mais difundida da prática de produção mais avançada seja sacrificado aos interesses do proprietários de ativos e aos interesses de controle dos administradores. Uma economia do conhecimento aprofundada e disseminada prospera em um ambiente de trabalho livre: quanto mais livre, melhor.

Minha discussão sobre os requisitos legais e institucionais de uma economia do conhecimento inclusiva começou a explorar as consequências destes para a relação entre trabalho e capital. No curto prazo, devemos evitar que a reorganização da produção, por meio de arranjos contratuais descentralizados e da arbitragem fiscal e trabalhista na economia mundial, relegue uma parte crescente da força de trabalho ao emprego precário. Precisamos criar, ao lado do direito do trabalho estabelecido, adequado às circunstâncias da produção industrial em massa (emprego privado) e do fordismo administrativo (emprego público), um segundo corpo de legislação trabalhista, capaz de lidar com as novas realidades da produção. Esse segundo corpo de leis trabalhistas viabilizaria organização e representação para os trabalhadores em situações outrora anômalas de emprego parcial, temporário e subcontratado ou, ainda, de autoemprego involuntário, tomado como forma de trabalho assalariado sem as garantias e benefícios correspondentes. Quando não podem ser adequadamente organizados e representados ou se os resultados dessa organização e representação forem insuficientes, a lei permitiria intervir diretamente na relação empregatícia, visando proteger o trabalhador precário. A mais importante forma de proteção, porém, seria a exigência legal de neutralidade de preço: o trabalho desempenhado sob outras condições terá que ser remunerado, no mínimo, como o trabalho equivalente mais próximo realizado sob regime estável e em tempo integral.

No longo prazo, o trabalho torna-se mais livre ao passo em que suas formas mais elevadas, o autoemprego e a cooperação, tornam-se predominantes na economia. Não podem se tornar predominantes a menos que se reconciliem com os dispositivos de agregação de recursos em larga escala. E não podem se reconciliar com esses dispositivos sem inovação nos termos do acesso descentralizado a recursos e oportunidades de produção, o que implica dizer nos regimes de propriedade e contrato. O direito de propriedade unificado tradicional deve se tornar apenas uma entre várias maneiras coexistentes de organizar a iniciativa econômica.

A implantação de uma forma disseminada e radicalizada da economia do conhecimento, a remodelagem da relação entre finança e economia real, para melhor colocá-la a serviço da produção, e o progresso do trabalho livre, em direção às suas formas mais elevadas do autoemprego e cooperação, começando com a proteção ao trabalho precário, formam o núcleo de uma alternativa à social-democracia institucionalmente conservadora e ao social-liberalismo. Eles definem os eixos fundamentais de uma agenda econômica capaz de realizar aquilo que o pacto socialdemocrata de meados do século XX em sua forma contemporânea, flexibilizada, não é mais capaz de cumprir: criar as bases para um aumento sustentado e amplo da produtividade e confrontar as desigualdades resultantes da segmentação hierárquica da economia. Para avançar além de seus passos iniciais, uma tal economia política deve se apoiar nas demais mudanças na sociedade, na política e na cultura que discuti em diferentes momentos e sob outras rubricas em partes anteriores deste livro.

Primeiro, ela se apoia, devido às capacitações de que necessita, em uma escolarização que se alinhe à mente como imaginação contra a mente como máquina e enciclopédia. Depende, em termos mais gerais, de um fortalecimento do experimentalismo em todas as esferas da cultura, mesmo nos domínios que parecem mais distantes da atividade econômica. Na ausência dessa mudança cultural ampla, o caráter predominante da nossa experiência, com sua desconfiança face à investigação, ameaçará anular e enfraquecer o programa de reconstrução econômica.

Segundo, ela precisa desenvolver, ao contrário de abandonar, o maior legado da social-democracia histórica: seu investimento nas pessoas e em sua capacitação. Para fazê-lo, não deveria e não precisaria se resignar à escolha entre fordismo administrativo (provisão burocrática de serviços públicos padronizados) e a subcontratação desses serviços junto a empresas com fins lucrativos. Ela precisa engajar a sociedade civil em parcerias com os governos, por meio de variadas formas de atividade cooperativa para prestar esses serviços. Não é suficiente refazer as instituições econômicas e políticas. Devemos também inovar nas formas legais e institucionais da relação entre Estado e sociedade civil.

Terceiro, ela demanda uma democracia de alta energia que permita submeter a estrutura estabelecida da sociedade, incluindo os arranjos para a organização do mercado e da prestação de serviços públicos, à pressão e ao teste. Uma tal democracia dispensa a crise como condição de transformação e torna a mudança estrutural uma extensão normal de nossa experiência ordinária – apenas negócios, como de costume. Ela nos permitiria mudar os arranjos e pressupostos formativos da sociedade e da economia por partes e passo a passo. Conseguirá fazê-lo sob instituições políticas que aumentem a temperatura e acelerem o ritmo da política.

Uma economia do conhecimento aprofundada e disseminada, uma educação dialética, a autoconstrução da sociedade civil por meio da parceria com o Estado na provisão de serviços públicos e uma democracia de alta energia são projetos que se reforçam mutuamente. A incapacidade de progredir em um deles limita o avanço em todos os demais. Eles não formam, porém, um sistema: as circunstâncias e escolhas devem indicar em qual frente avançar primeiro, antes de enfrentar os limites impostos pela incapacidade de avançar em outras.

Nesse processo de desenvolvimento combinado e desigual, o projeto do vanguardismo includente desempenha um papel fundamental. Todos os nossos interesses, tanto morais quanto materiais, tornam-se mais difíceis de atender em um ambiente de estagnação econômica e prostração. Em um tal contexto, negamos à maioria dos homens e mulheres comuns a chance de participarem da experiência, dos poderes e das recompensas da prática mais avançada de produção.

Uma vez que comecemos a pensar e agir nesses termos, seremos compelidos a reinterpretar as relações entre esquerda, direita e centro na política. Não precisaremos mais da forma de pensamento e ação política que têm sido chamadas de populismo, com seus atalhos extrainstitucionais ilusórios para satisfazer os reclamos da população. Associamos nosso interesse material, em relação ao crescimento econômico e ao desenvolvimento de nossas capacidades produtivas, com nosso interesse moral no aprimoramento da agência: nosso poder de agir, inovar, virar a mesa – como indivíduos e como povos organizados sob a égide de Estados – face aos arranjos estabelecidos da economia e do próprio Estado.

17 Crescimento, crise e superações sucessivas das restrições da oferta e da demanda: o sentido econômico maior do vanguardismo includente

17.1 O enigma da oferta e da procura

Considerem agora a significação da economia do conhecimento difundida, não mais para os propósitos práticos dos países em desenvolvimento e para as economias mais ricas do mundo, mas para o aspecto mais rudimentar da vida econômica: a relação entre oferta e procura. O que parece claro e simples é, de fato, obscuro e enigmático. Apreender o impacto do vanguardismo includente sobre a relação entre oferta e demanda implica desenvolver nosso entendimento sobre o significado da economia do conhecimento inclusiva para o crescimento econômico e para as crises econômicas.

A linha principal do pensamento econômico, pelo menos desde a virada marginalista de finais do século XIX, ensina que a oferta e a procura se ajustam uma a outra na ausência de falhas no funcionamento do mercado. Cada uma dessas falhas equivale a um defeito na concorrência perfeita. Na ausência de tais defeitos, oferta e demanda rapidamente se equilibram. O processo pelo qual se ajustam uma a outra asseguraria que os recursos, incluindo nosso recurso mais precioso, nosso tempo, trabalho humano, sejam empregados da forma mais eficiente.

As fontes da oferta e da procura, de acordo como esse modo de pensar, são irrelevantes para o entendimento do mecanismo básico e universal graças ao qual oferta e demanda se ajustam. Qualquer que seja sua fonte, irão se ajustar até que, enfim, atinjam o equilíbrio, a menos que uma falha da concorrência perfeita (em qualquer de suas dimensões, incluindo informação e poder de mercado) as impeça de fazê-lo. Segundo essa perspectiva, imaginamos a oferta e a demanda como homogêneas e contínuas, facilitando sua expressão matemática. Podemos distinguir, então, a análise matemática de seu ajustamento recíproco da explicação sobre o que faz com que uma e outra se expanda ou se contraia. Esses outros problemas e ideias podem ser endereçados a subáreas específicas da ciência econômica, em especial à teoria do crescimento econômico e ao estudo dos ciclos de negócios ou, em termos mais gerais (se é que tal subdisciplina existe), à teoria da crise econômica.

Sugiro outra maneira de pensar sobre oferta e procura e sobre o vanguardismo includente em meio às ideias que distinguem essa abordagem. Não pretendo demonstrar a superioridade dessa concepção neste livro, apenas mostrar como ela permitiria compreender melhor vários aspectos da história econômica que permaneceram inexplicados. Entre esses aspectos, alguns se referem à evolução e situação atual da economia do conhecimento.

Como em qualquer visão geral, a que esboçarei aqui não admite refutação empírica direta. Mas não se segue disto que seja imune a ser testada empiricamente. Ela possui uma vasta gama de implicações que envolvem questões de fato. Nessas implicações, ela é falseável.

Apresento a seguir cinco ideias que compõem esse modo de pensar.

A primeira é que o crescimento econômico requer superações sucessivas de restrições relacionadas tanto à oferta quanto à demanda. Para que o crescimento tenha continuidade, um avanço no lado da demanda da economia deve ter como contrapartida avanço correspondente no lado da oferta, e reciprocamente. A teoria dominante sobre oferta e demanda incorpora a mesma ideia. Entretanto, apresenta essa correspondência entre os avanços em um e outro lado como sendo automática, exceto se uma imperfeição de mercado impeça que ocorra.

Tudo isso pode parecer óbvio demais para ser explicitado, exceto pelo fato de que há um problema que escapa à atenção se nos deixarmos prender ao entendimento corrente dessa questão. Se mais oferta gera mais demanda e mais demanda provoca mais oferta, o ajustamento recíproco de oferta e demanda levaria ao crescimento econômico perpétuo. Levaria ao crescimento mesmo na ausência de inovações tecnológicas e organizacionais que aumentassem a produtividade, a menos que a restrição dos retornos decrescentes (até agora o candidato mais plausível ao posto de lei universal da vida econômica) seja suficiente para explicar a estagnação econômica.

A segunda ideia é que superações nas restrições da oferta e da demanda são descontínuas. Há diferentes formas de expandir tanto a oferta quanto a demanda. Cada uma delas tem sua lógica própria: seu modo de operação, seu potencial e seus limites. Essas formas distintas de gerar expansão da demanda ou da oferta têm diferente alcance, eficácia e permanência. Algumas são mais superficiais e passageiras do que as outras. Algumas esgotam-se rapidamente; outras avançam para tornar-se autossustentáveis. Fazem-no porque têm maior efeito transformador sobre as instituições e práticas econômicas, como também sobre as capacidades dos agentes econômicos.

Podemos classificar os modos de expansão da oferta e da demanda em uma escala crescente. Não há passagem direta ou espontânea de um modo para o seguinte, mais poderoso, como se o esgotamento do potencial de um determinado modo garantisse a passagem ao próximo. Essa falta de passagem automática de uma base de expansão da oferta e da demanda para a seguinte, hierarquicamente superior, é o que pretendi acentuar ao qualificar a expansão da oferta e da demanda como descontínua. Somos levados a constatar essa descontinuidade se nos recusarmos a separar, como fazem as ideias dominantes, as vicissitudes de curto prazo da oferta e da demanda das causas do crescimento econômico e da estagnação.

Mais a frente vou delinear e hierarquizar, em ordem inversa do seu potencial para sustentar o crescimento econômico, essas diferentes bases para o ajuste recíproco da oferta e da demanda. Cada uma é mais promissora do que a anterior em capacidade para fazer do ajustamento recíproco da oferta e da demanda expressão visível, exteriorizada, de uma dinâmica de crescimento econômico.

A terceira ideia é que superações das restrições da demanda e da oferta são heterônomas. Com isto quero dizer que não há qualquer correspondência automática entre um avanço a partir de uma base para a expansão da demanda ou da oferta e um avanço equivalente do outro lado, da oferta ou da demanda. A um avanço na sustentação da demanda, de uma base de expansão para outra (por exemplo, de um aumento no poder de compra por meio do incentivo ao endividamento doméstico para uma expansão via tributação progressiva e

189

gasto social) não se segue um avanço correspondente no lado da oferta (por exemplo, de uma expansão da oferta desacompanhada de inovações que aumentem a produtividade para uma expansão que se baseie em tais inovações). A heteronomia do ajustamento recíproco da oferta e da procura agrava as consequências da descontinuidade entre elas. A descontinuidade é unilateral; está relacionada com a impossibilidade de se passar automaticamente de uma base de expansão para a seguinte, mais efetiva e transformadora. A heteronomia é bilateral: refere-se à incapacidade de um avanço em um dos lados da economia (demanda ou oferta) para garantir avanço no outro lado.

A quarta ideia é que a descontinuidade e a heteronomia do ajuste recíproco da demanda e da oferta constituem a base mais importante da instabilidade econômica. O motivo fundamental para a suscetibilidade do crescimento econômico a crises é a inexistência daquilo que a corrente dominante do pensamento econômico supõe como fato: que na ausência de falhas de mercado, a oferta e a demanda irão se ajustar uma a outra para assegurar a alocação dos recursos e da força de trabalho da forma mais eficiente.

A base secundária da instabilidade econômica é a relação tensa e mutável entre a finança e a economia real. Na próxima parte desta seção, comentarei um aspecto dessa relação à qual Keynes deu grande ênfase: dinheiro importa. A liquidez dos ativos financeiros, dissociados de atividades produtivas particulares, permite que sirvam de instrumento maleável para os nossos impulsos de medo e ganância, de desânimo e esperança. Porém, esse sequestro do dinheiro por nossos humores é apenas um elemento lateral de um aspecto mais inquietante da relação entre a finança e a economia real.

Assim como não há uma forma única, natural e necessária de organizar uma economia de mercado, também não há uma forma única, natural e necessária de arranjar um de seus aspectos – a relação da finança com a economia real. Formas distintas de organizar uma economia de mercado podem estreitar ou afrouxar a relação entre a finança e a economia real. Quanto mais frouxa a conexão, mais as transações no âmbito da economia real servirão de pretexto para a atividade financeira, em vez de ser sua preocupação genuína, e maior será o risco de que a finança cause danos.

Sob os arranjos atualmente estabelecidos nas economias mais ricas, o sistema produtivo se autofinancia em grande medida. O financiamento da produção recai principalmente sobre os lucros retidos e reinvestidos pelas empresas: portanto, com recursos gerados no próprio sistema da produção. A criação de novos ativos de maneiras novas – com recurso ao *venture capital* e formas relacionadas de financiamento – representa uma parte mínima da atividade financeira. Também a oferta pública, inicial ou secundária, representa uma parcela relativamente pequena das finanças. Sob tais arranjos, a finança pode tornar-se um mau senhor ao invés de bom servo, como deve ser, da economia real.

A teoria de crise ou da instabilidade econômica é somente o outro lado da teoria do desenvolvimento econômico: lida com a suscetibilidade do crescimento à disrupção. E o entendimento sobre como oferta e demanda se acomodam uma a outra dinamicamente no tempo é somente uma forma de abordar, no curto prazo, os problemas do crescimento e da instabilidade.

A quinta ideia é que se subirmos com rapidez suficiente pela escala hierárquica dos modos de superação dos limites à expansão da oferta e da demanda, até as formas mais distantes e duráveis de ultrapassagem dessas restrições, encontraremos finalmente uma classe de soluções capazes de expandir a demanda pelos mesmos meios com os quais expande a oferta: uma ampliação institucionalizada do acesso aos recursos, oportunidades e capacidades de produção. Nesse ponto, e somente nele, o que aumenta a demanda aumenta igualmente a oferta. Aquilo que o pensamento dominante supõe ser o estado natural da vida econômica – acomodação recíproca da oferta e da demanda – é de fato característica de uma variação excepcional de mudanças econômicas: aquelas que possibilitam romper as restrições tanto da oferta quanto da demanda equipando mais agentes econômicos com meios e oportunidades para o empreendimento produtivo.

A sexta ideia é que há um subconjunto especialmente potente e promissor de circunstâncias como as descritas pela quinta ideia: aquelas que rompem as restrições tanto em relação à oferta quanto em relação à demanda, porque ampliam o acesso à prática de produção mais avançada. Do lado da oferta, tais iniciativas ampliam o número daqueles que podem participar das partes mais produtivas da economia. Do lado da demanda, elas colocam as pessoas em posição de reivindicar, na condição de criadores de riqueza e não simplesmente de beneficiários de uma redistribuição retrospectiva e compensatória, parte da riqueza que ajudaram a criar.

Se essa prática de produção mais avançada é a economia do conhecimento, o potencial para a expansão tanto da oferta como da demanda se torna especialmente grande. O conhecimento oferece acesso a uma forma de atividade produtiva que torna a inovação permanente e promete atenuar ou reverter a regra dos retornos decrescentes.

Henry Ford disse certa vez, gracejando, que gostava de pagar seus operários para que pudessem comprar os carros que as fábricas de Ford produziam. Eles poderiam usar esse dinheiro para comprar outras coisas ou comprar carros fabricados por seus competidores. Não há solução contratual para o problema suscitado pelo comentário de Ford. Há somente solução institucional. Nas atuais circunstâncias, um vanguardismo includente – a forma desenvolvida e disseminada da economia do conhecimento – é essa solução. Ele possibilita a acomodação recíproca entre oferta e procura que a operação normal de uma economia de mercado deixa de gerar. Ao dar forma nova à economia de mercado, obtém aquilo que as ideias dominantes sobre oferta e demanda equivocadamente supõem que aconteça naturalmente, desde que as imperfeições da concorrência não o impeçam.

17.2 Contraste com os ensinamentos de Keynes

A forma de pensamento sobre oferta e demanda que tracei difere da teoria econômica de Keynes, especialmente como formulada em sua *Teoria Geral* (1936). O principal estímulo da obra de Keynes, que contém a mais influente heresia econômica do século XX, veio da crise econômica dos anos 1930. Seu tema central era a forma pela qual o ajuste entre oferta e demanda pode falhar e levar a um equilíbrio com níveis baixos de emprego e atividade. É similar, portanto, à visão que acabo de esboçar ao apresentar razões para a descrença na capacidade da economia de mercado, como ela era então e como ela é hoje, para corrigir a si mesma e desempenhar o papel esperado de alocar todos os recursos a seus usos mais eficientes. Para alocar todos os recursos, inclusive o trabalho, a seus usos mais eficientes, ela teria que manter a economia funcionando sob pleno emprego.

Uma forma de assinalar em que a abordagem que esbocei difere da visão de Keynes é sugerir que aspectos da doutrina de Keynes – e as prescrições de políticas a que deu ensejo – são deficientes em comparação com a alternativa proposta.

A primeira limitação da visão de Keynes é que ela oferece a teoria de um caso especial: uma das várias formas pelas quais a oferta e a demanda falham em se ajustar ou se ajustam somente em um nível deprimido de emprego e atividade. O caso especial que Keynes teorizou violava a lei de Say: a oferta não cria sua própria demanda. Uma falha na tradução de poupança em investimento produtivo (entesouramento), possibilitada pela inflexibilidade de um preço específico (a rigidez de salários, estudada por Marshall e seu discípulo Pigou), resultaria em incapacidade de sustentar a demanda agregada. O efeito de nossos humores instáveis, euforia ou desânimo, sobre a destinação de saldos monetários líquidos pode magnificar e prolongar a queda: o que começou como falta de confiança pode terminar como declínio da atividade econômica real, para o qual não haveria mecanismo de correção espontâneo. O governo, então, teria que compensar a demanda deficiente e reanimar a economia por meio da política fiscal ou pelo gasto público direto e pela iniciativa do Estado.

Trata-se de uma visão e uma teoria sobre uma das formas pelas quais oferta e demanda falham em se ajustar uma a outra ou se equilibrar somente em um nível deprimido de atividade. Há muitas outras, já implícitas mesmo no esboço rudimentar e abstrato apresentado nas páginas precedentes. Sabemos, com base em escritos ocasionais do próprio Keynes nos anos que antederam a *Teoria Geral*, que ele conjecturava outras respostas à crise do período e outras formas de entendê-la. Entretanto, ele escolheu caracterizar a crise de forma a enfatizar a insuficiência da demanda (em vez, por exemplo, do investimento inadequado) por razões que podem ter sido mais estratégicas e políticas do que teoréticas e substantivas: uma resposta que sugerisse influência governamental sobre a decisão de investir seria, aos seus olhos, menos viável e menos palatável do que uma resposta que culpasse a demanda deficiente e requeresse como antídoto uma política fiscal expansionista.

Entre 2007 e 2009, os Estados Unidos e outras economias avançadas enfrentaram uma crise financeira seguida por um declínio agudo da atividade econômica real. Se não chegou a ser tão grave quanto o colapso econômico com o qual Keynes e seus contemporâneos tiveram que lidar nos anos 1930, excedeu, por outro lado, em muito a dimensão do "ciclo de negócios" padrão. E muito embora a crise tenha provocado as respostas padrão do estímulo fiscal e da política monetária expansionista (a segunda, contrariamente ao espírito das prescrições de Keynes, mais do que o primeiro), logo foi reconhecida como uma crise diferente da que enfrentara Keynes, em caráter e causalidade, se não em consequência. Foi descrito como uma "recessão de balanço de pagamentos".

Os Estados Unidos pararam de produzir os bens e serviços que o mundo desejava. Por várias décadas, tem havido uma redistribuição fortemente regressiva de renda e riqueza. Ela vinha sendo compensada por uma expansão extravagante do endividamento e do crédito, especialmente para as famílias, assentada na estratégia residual de crescimento econômico nos Estados Unidos, a política de dinheiro barato, bem como pelo déficit da conta de capital e o déficit comercial, com a China e outras economias. Pela própria natureza de suas causas imediatas, a crise atual requer, ainda mais evidentemente do que o colapso dos anos 1930, ação sobre o lado da oferta da economia. Ela pede, portanto, algo que a doutrina de Keynes não pôde ser, apesar do título de seu livro mais famoso: uma teoria geral das falhas do ajustamento recíproco da oferta e da demanda.

A segunda limitação da teoria de Keynes é a sua falta de conteúdo estrutural e de visão institucional. Embora intencionada como apostasia, ela exagerou um dos aspectos mais característicos da tradição da economia política inglesa: sua subordinação do institucional ao psicológico. As categorias-chave do sistema de Keynes – a preferência pela liquidez, a propensão a consumir e as expectativas de longo prazo – são todas psicológicas. Nossos impulsos nos levam a dispor de saldos monetários líquidos de uma forma ou de outra e, graças a essa disposição, exercem influência decisiva na direção da economia real.

Há relação próxima entre a predominância do psicológico sobre o institucional e o foco no lado da demanda da economia em detrimento do lado da oferta. Há igualmente uma relação entre o psicologismo da doutrina de Keynes e sua visão – consistente com a tradição marginalista – da ciência econômica como teoria da troca mercantil, em detrimento de uma concepção da economia como teoria da produção.

Consideremos o assunto do ponto de vista revelador da resposta prática ao declínio do emprego e da atividade econômica. É possível, enfim, lidar com a deficiência do que Keynes chamou demanda agregada utilizando fundos públicos ou por políticas destinadas a influenciar o gasto privado, sem qualquer mudança nos arranjos institucionais da economia ou da organização da produção. Uma ação mais efetiva sobre o lado da demanda da economia requer mudança estrutural: inovações institucionais que remodelem a distribuição primária da vantagem econômica ampliando acesso às oportunidades e capacidades econômicas. Mas, ao menos, é possível imaginar uma forma de abordar a demanda insuficiente que renegue qualquer tentativa de produzir mudança estrutural. A possibilidade de ignorá-la foi um dos aspectos que atraiu Keynes e seus seguidores para a perspectiva orientada para a demanda de sua visão e de suas propostas políticas.

Excluímos uma tal renúncia logo de início, à medida que encontramos as causas do colapso tanto do lado da oferta da economia quanto do lado da demanda. A ação sobre o lado da oferta é necessariamente ação estrutural, mesmo se seus objetivos, como tem sido o caso das políticas conservadoras ou neoliberais nos países ricos do Atlântico Norte, são restaurar uma versão supostamente canônica da economia de mercado em sua forma pura ou mais pura, em vez de dar nova forma institucional à ordem do mercado.

Um terceiro defeito da visão de Keynes resulta dos dois primeiros. É uma teoria inacabada, pois é uma teoria truncada, tomando equivocadamente um caso especial por uma compreensão geral e lidando com problemas em última instância estruturais sem ter uma visão estrutural. Ela é mais do que uma teoria sobre como oferta e demanda podem se equilibrar em um nível e em uma atividade que subutilizam trabalho e outros recursos da economia. No entanto, é menos do que uma teoria do desequilíbrio perene da economia – uma suscetibilidade à crise que somente pode ter fim, segundo meu argumento, através da transformação estrutural que chamo de vanguardismo includente. Ela não pode ser tal teoria em razão das duas primeiras limitações que apontei. Em uma palavra, ela não é uma teoria geral. Ela atribui um peso decisivo a fatores como rigidez de salários e disposição ao entesouramento, que serão muito mais importante em algumas circunstâncias do que em outras, conforme os arranjos legais e institucionais que regulem, por exemplo, o poder relativo do trabalho e do capital e o lugar da finança na economia real, assim como as variações, bem menos tangíveis, da cultura e da consciência na economia.

Por outro lado, ela é desprovida de qualquer visão alternativa sobre as formas de organizar a economia de mercado. Em consequência, falta-lhe um critério para distinguir os meios para organizar uma economia, seja pelo lado da demanda ou da oferta, que sejam mais ou menos propensos a produzir rupturas na atividade econômica real que o ajustamento recíproco de oferta e demanda seja incapaz de superar espontaneamente. Em tal teoria, não há base para afirmar que a economia seja naturalmente suscetível ou não à ruptura no ajuste recíproco da oferta e da demanda. É possível somente afirmar que, dados certos pressupostos específicos (por exemplo, em relação ao poder do trabalho para defender os salários contra a depreciação, o poder dos capitalistas de controlar as decisões de investimento e o poder dos poupadores de manter seus ativos longe do investimento produtivo), o pleno emprego é vulnerável a um tipo peculiar e acidental de pane, para a qual existe um remédio específico.

Em contraste, na visão que esbocei aqui, a economia permanece em desequilíbrio perpétuo – a oferta e a demanda deixam de se ajustar uma a outra e de oferecer um mecanismo para superações repetidas das restrições da oferta e da demanda – até que algo aconteça. Esse algo não é, em nenhum sentido, natural. É produto de uma longa evolução econômica e requer, para se completar, mudança nas práticas de produção e instituições por meio das quais organizamos uma economia descentralizada. A essa mudança dei o nome de vanguardismo includente.

17.3 O espectro das superações das restrições da demanda

Há um espectro das formas de romper os limites à expansão da demanda. Cada nível tem maior potencial que o anterior para persistir e contribuir para um ciclo autossustentado de crescimento econômico. Cada qual tem sua própria lógica e suas próprias limitações. Não há nunca passagem direta e espontânea de um nível a outro – o atributo da descontinuidade. Nem qualquer movimentação para cima nessa escala garante um movimento correspondente na hierarquia dos níveis de progresso descontínuos do lado da oferta da economia – o atributo da heterogeneidade. Somente no final do espectro – ou no topo da escala dos níveis – encontraremos uma base profunda e confiável para aquilo que, de acordo com as ideias dominantes, é suposto acontecer naturalmente na ausência de falhas ou lacunas de mercado: uma forma de ruptura das restrições da demanda que também quebre as restrições de oferta para o crescimento econômico.

O primeiro nível é a expansão da demanda pelo aumento do endividamento – de empresas mas, especialmente, das famílias – sem qualquer outra mudança exceto essa elevação – na distribuição de renda e riqueza. O principal instrumento dessa popularização e alargamento do crédito pode ser a política monetária expansionista, que nos Estados Unidos como em muitas economias, tem crescentemente sido a estratégia principal de crescimento econômico, dirigida pelo Banco Central mais do que pelo governo federal. É um sinal de desespero – o desespero da falta de alternativas disponíveis outras que não o estímulo fiscal – que esse instrumento continue a ser usado, apesar das evidências crescentes de sua inefetividade e seus perigos.

Um exemplo significativo de como essa forma de expansão da demanda pode ser adotada e revela sua inadequação é a experiência norte-americana nos anos que precederam a crise econômica e financeira de 2007-2009. O New Deal de Franklin Roosevelt havia experimentado três estágios de evolução entre a crise de 1930 e o final da Segunda Guerra Mundial. Passou por um período inicial de experimentação institucional, com foco estreito, apesar da ousadia de Roosevelt, na reestabilização da economia e na contenção ou gerenciamento corporativista da concorrência. Estreitou ainda mais seu foco, no momento seguinte, com a produção de antídotos à insegurança econômica (dos quais o programa da Seguridade Social tornou-se o exemplo icônico). E em um episódio espantoso da economia de guerra, sob pressão da urgência nacional, ensejou o abandono radical de arranjos econômicos e ideologias considerados sacrossantos no país, combinando essa apostasia prática imensamente bem-sucedida e não teorizada com uma mobilização massiva dos recursos nacionais. Uma vez terminada a guerra, as administrações seguintes retornaram aos estágios iniciais que o itinerário do New Deal havia percorrido: o desenvolvimento do consumo de massa como motor do crescimento econômico e como o mais tangível resíduo prático do esforço de democratizar a economia pelo lado da demanda.

Dos anos 1970 em diante, porém, os Estados Unidos e outras economias ricas vivem um período de redistribuição de renda e riqueza fortemente regressiva, incompatível, a princípio, com um mercado de bens de consumo em massa. A dívida, facilitada pela expansão monetária e por déficits comercial e de capital frente a outras economias superavitárias, possibilitou resolver a contradição – superficialmente, temporariamente e a um custo elevado. A crise financeira de 2008 e a recessão subsequente revelaram a dimensão desse custo.

Para ser sustentável, a expansão de uma economia potencializada pelo endividamento e pelo crédito precisa encontrar uma base naquilo que descreverei mais a frente como as formas mais profundas de superação das restrições do lado da demanda, bem como de afrouxamento das restrições do lado da oferta. Não pode ser o que tem frequentemente sido: um substituto para elas.

Um segundo nível de formas de superar as restrições da demanda é a atenuação da desigualdade de riqueza e renda graças à redistribuição compensatória e retrospectiva por meio da tributação progressiva e do gasto público com direitos sociais e transferências. A expansão do poder de compra graças a esta distribuição corretiva cria uma base de expansão mais abrangente e mais autossustentável do que aquela baseada exclusivamente pela popularização do crédito. Entretanto, é menos autossustentável do que uma sequência de inovações institucionais e de políticas cumulativas que alarguem e democratizem a demanda influenciando a distribuição primária da renda e da riqueza: aquela gerada pela ordem de mercado da forma como o mercado hoje encontra-se organizado. Os efeitos dessa forma de ultrapassar as restrições à expansão são limitados e as condições para atingi-los exigentes. Os efeitos são limitados porque operam na contracorrente dos arranjos e incentivos estabelecidos sob a forma atual do mercado. À medida que a redistribuição retrospectiva torna-se mais consequente e começa a modificar mais substancialmente a distribuição das vantagens que o regime de mercado estabelecido pressupõe e reproduz, ela também começa a contradizer as mensagens de incentivo dos arranjos econômicos vigentes. A partir de um certo ponto, começa a desorganizar esses arranjos. Na prática, a redistribuição quase nunca ultrapassa esse limiar: o limiar além do qual a "equidade" compromete a "eficiência."

Há uma qualificação significativa para esse limite, que resulta de uma ambiguidade na relação entre esse segundo nível de superação e o terceiro nível – a revisão dos arranjos que definem a distribuição primária da vantagem econômica. À medida que a utilização do gasto social redistributivo torna-se investimento em pessoas e em sua capacitação, cruza a divisa entre o segundo e o terceiro níveis de expansão; compartilha as características de uma ampliação do acesso a oportunidades e capacidades e, consequentemente, da mudança na distribuição primária. Em consequência, seu alcance transformativo estende-se mais longe.

Para dar efetividade à redistribuição corretiva por meio de impostos e transferências precisamos seguir os três princípios invocados acima no argumento deste livro. Esses princípios põem a redistribuição em seu devido lugar, permitindo que desempenhe seu papel propriamente subsidiário. Por seu caráter aparentemente paradoxal e sua preferência por uma ambição transformadora mais elevada, eles contrariam as ideias e atitudes que orientam ordinariamente as práticas redistributivas dos socialdemocratas e social-liberais.

O primeiro princípio é que a redistribuição retrospectiva é sempre subsidiária à mudança institucional que molda a distribuição primária da vantagem econômica: aquela que resulta do funcionamento do mercado antes da correção. As limitações da tributação e transferências somente podem ser superadas por inovações na estrutura institucional da economia de mercado, assim como as restrições ao crescimento baseado na alavancagem do crédito somente podem ser superadas pela mudança na distribuição da vantagem econômica – superficialmente, através da redistribuição compensatória, e mais duradouramente, por meio da mudança estrutural. Essa interpretação do primeiro princípio mostra como ele se coaduna com a ideia de uma hierarquia das formas de superação dos limites ao crescimento econômico relacionados com a demanda.

O segundo princípio é que, em relação à composição interna da tributação e transferência, no desempenho de sua função subsidiária, o nível agregado de imposto arrecadado e os efeitos distributivos do gasto social importam mais do que o perfil progressivo da tributação. Um imposto que seja neutro em seus impactos sobre os preços relativos e abertamente regressivo em suas consequências redistributivas pode proporcionar um maior nível de receita para o Estado com o mínimo de perturbação sobre os arranjos e incentivos econômicos estabelecidos. O recurso arrecadado deve ser gasto de forma que possa mais do que compensar o perfil regressivo da tributação. Essa reorientação implícita da progressividade para a regressividade tem sido central para a prática de um tipo distinto de doutrina, a social-democracia e o social-liberalismo: a taxação indireta do consumo tem financiado um nível elevado de direitos sociais.

O terceiro princípio, contudo, é que o sistema tributário deve ser concebido para desempenhar um papel redistributivo útil porém secundário. Seu alvo principal é a hierarquia dos padrões de vida manifesta no consumo individual.

A essência do segundo e do terceiro princípios é expressar de forma mais clara a relevância da verdade expressa pelo primeiro princípio: para reduzir as desigualdades bem como viabilizar o crescimento econômico socialmente inclusivo, a inovação nos arranjos institucionais da economia supera tanto a expansão do crédito quanto a redistribuição corretiva pós-fato.

Esses princípios somente puderam ser observados de forma fragmentária e rarefeita. E quando obedecidos, têm sido desacompanhados de uma série de ideias suplementares que poderiam elucidar, individualmente e no todo, os problemas que eles tocam. A consequência tem sido tornar a redistribuição compensatória – o segundo nível de expansão da demanda – ainda menos efetiva do que ela poderia ser.

Chegamos agora à terceira e mais poderosa e duradoura base a partir da qual romper os limites da demanda ao crescimento econômico: o desenvolvimento de inovações institucionais que ampliem o acesso a recursos, oportunidades e capacidades de produção. Por meio desse alargamento, elas influenciam a distribuição da vantagem – educacional tanto quanto econômica – antes que qualquer medida de redistribuição corretiva, por meio de imposto progressivo e direitos e transferências sociais, tenha feito o seu trabalho.

Aqui, pela primeira vez, na escala ascendente dos estímulos à expansão da demanda, as iniciativas que rompem as restrições do lado da demanda também superam as restrições do lado da oferta. Esse terceiro nível de ações tem dupla vantagem sobre as formas de expansão da demanda discutidas antes. A primeira vantagem é que essas iniciativas são mais sustentáveis e seu alcance é maior. Em vez de contradizer os arranjos econômicos estabelecidos e os incentivos a eles associados, reordenam os arranjos e reorientam os incentivos. A segunda vantagem é que, ao contrário dos primeiros dois níveis de iniciativas, elas não estão limitadas ao lado da demanda. Alcançam o lado da oferta assim como o lado da demanda da economia, e atingem-nos através da mesma cadeia de causa e efeito.

As inovações institucionais que criaram o contexto para a agricultura familiar empresarial nos Estados Unidos na primeira metade do século XIX constituem um modelo paradigmático. Nas décadas que se seguiram à independência e precederam a Guerra Civil, os norte-americanos resistiram à tese abraçada tanto pelas elites empresariais quanto pelos marxistas no curso do século XIX: que a concentração agrária – com a formação de grandes propriedades e a expulsão dos pequenos produtores do campo – era intrínseca ao desenvolvimento do capitalismo. Os governos federal e estaduais fizeram muito mais do que distribuir terras públicas para famílias prontas a ocupá-las. Agiram para organizar os dispositivos institucionais e os instrumentos econômicos de uma eficiente agricultura de mercado, especialmente na fronteira agrária e em partes do território livre da mancha da escravidão. Com o vocabulário atual, descreveríamos o arcabouço institucional por eles criado como coordenação estratégica entre governos federal e locais e os produtores, e a concorrência cooperativa entre esses últimos. Esses esforços incluíram, sob a forma de escolas superiores interiorizadas, a criação das bases intelectuais de uma agricultura que, mesmo em pequena escala, podia se beneficiar plenamente da ciência mais avançada da época. Envolveram igualmente ferramentas econômicas e jurídicas como política de preços mínimos, estoques de reserva e garantia de renda que permitissem proteger a agricultura familiar das consequências da combinação de risco econômico e físico: volatilidade de preços e volatilidade climática.

Esses esforços exemplificam, assim como os programas de reforma agrária ao longo da história da França e da Holanda, a rejeição do modelo inglês de cercamento e concentração de terra, algo distinto dos dois conjuntos de iniciativas que o pensamento convencional vigente imagina que o governo possa fazer em relação à economia de mercado. Eles não regulam o mercado de produtos agrícolas nem reduzem suas desigualdades de rendimento por meio da correção retrospectiva sob a forma de tributação progressiva e do gasto social redistributivo. Eles inovam nos arranjos juridicamente definidos da economia de mercado. Criaram um novo tipo de mercado agrícola. Ao fazê-lo, mudaram a distribuição primária da vantagem econômica e contribuíram poderosamente para a aceleração do crescimento econômico, no lado da demanda mas também no lado da oferta da economia.

Se compararmos a produtividade do trabalho agrícola em uma economia (como a do século XIX inglês) que tenha experimentado uma dramática concentração da propriedade da terra e da escala de produção com outra que tenha resistido a isso (como a França do século XIX), a produtividade da primeira será marginalmente mais elevada. Contudo, essa medida não consegue captar os benefícios de uma distribuição maior da participação nos ativos produtivos para o crescimento econômico por meio de seus efeitos sobre a oferta e a demanda. Ela não pode sequer fazer justiça às consequências de uma propriedade mais distribuída da terra e da produtividade do trabalho para os outros setores da economia; na comparação entre a Grã-Bretanha e a França do século XIX, a menor produtividade francesa do trabalho na agricultura foi compensada pela maior produtividade na manufatura.

As iniciativas institucionais que moldam a distribuição primária da vantagem econômica não precisam ser econômicas em sua natureza. Podem estar relacionadas com acesso à oportunidade educacional ou participação no poder político. O ponto central permanece o mesmo. Os arranjos institucionais e pressupostos ideológicos que organizam o modo como uma sociedade cria seu futuro são os objetos mais fundamentais da ambição transformadora na política. Tudo que tenha relação com eles e com sua reconstrução é mais importante do que qualquer coisa que os tome por dados.

Dentre esses arranjos e pressupostos que influenciam a distribuição primária da vantagem econômica e definem os termos de acesso aos recursos e oportunidades produtivos, incluindo os termos pelos quais os agentes econômicos podem cooperar na produção e fazer uso do trabalho de outros, um merece especial atenção. São iniciativas que ajudam a difundir a prática mais avançada de produção para partes da economia outras que não aquelas nas quais essa prática emergiu inicialmente. Dito de outra forma, são as iniciativas que deslocam mais trabalhadores e recursos para a parte mais produtiva da economia – a mensagem fundamental da economia do desenvolvimento clássica.

Quando recomendações como a mensagem da economia do desenvolvimento do século XX funcionavam, contribuíram para o crescimento econômico tanto pelo lado da demanda como pelo lado da oferta da economia. Ao mesmo tempo que aumentavam o nível médio de produtividade na economia, criaram uma classe de trabalhadores relativamente privilegiados cujos salários poderiam subir porque representavam, nas áreas mais produtivas da economia, uma parte reduzida do custo de produção. O declínio da produção em massa e a incapacidade da formula prática do desenvolvimento econômico para continuar funcionando nos força a produzir uma ruptura simultânea nos limites da expansão da demanda e da oferta em uma base mais segura. Essa base é o vanguardismo includente.

Chegamos, afinal, ao quarto nível das formas de superação das restrições da demanda sobre o crescimento econômico: o aprofundamento e a difusão da economia do desenvolvimento – o tema deste livro. Em alguns de seus aspectos, ele é apenas um subconjunto do terceiro nível de iniciativas: aquelas que modelam os arranjos institucionais que influenciam os arranjos primários da vantagem econômica. Entretanto, esse subconjunto traz uma promessa especial: primeiro, porque promete afrouxar ou reverter a restrição dos retornos decrescentes; segundo, porque tem por ideal a inovação permanente e não a episódica; e terceiro e mais fundamental, devido à combinação de dois aspectos do vanguardismo includente que diferenciam sua relação potencial com o conjunto da economia, em comparação ao lugar ocupado por todas as práticas de produção anteriores na vida econômica.

O primeiro aspecto é que, ao contrário das práticas produtivas mais avançadas anteriores, ele não possui relação intrínseca a nenhum setor da economia. O tempo em que permanecer atrelado à indústria de alta tecnologia, deixará de revelar suas características mais profundas e desenvolver seu potencial mais elevado. O segundo aspecto é que, devido ao fato de ser redutível a um estoque limitado de máquinas, práticas e tarefas formulaicas, ao contrário da produção em massa, ele coloca demandas exigentes aos ambientes sociais, culturais e políticos em que se desenvolve.

Meu argumento anterior sobre os requisitos cognitivo-educacionais, sociais e morais e jurídico-institucionais do vanguardismo includente explora o conteúdo dessas demandas como passos em uma trajetória em vez de partes de um sistema. Cada movimento é mais do que um meio para a difusão abrangente, para o conjunto da economia, da prática de produção mais avançada. Eles têm valor por si mesmos, como contributo para a construção de um regime mais cooperativo. Tal regime faz mais do que satisfazer nosso interesse no crescimento econômico e sua promessa de nos libertar da pobreza, da doença e da servidão. Serve também ao nosso interesse no aprimoramento da agência – a capacidade de cada indivíduo de se elevar acima de suas circunstâncias e participar da construção do novo.

17.4 O espectro das superações das restrições da oferta

Considerem agora a escala hierárquica de formas de superação das restrições do lado da oferta ao crescimento econômico. Mais uma vez, irei das mais fracas e transitórias para as formas mais fortes e sustentáveis de ruptura dessas restrições. Cada nível tem sua própria lógica econômica, práticas características e limitações distintivas.

O enfrentamento dessas limitações nunca leva automaticamente ao nível seguinte; para nos deslocarmos de um dado nível para o próximo, é preciso uma reorientação de estratégias, atitudes e ideias. Até que cheguemos ao topo da hierarquia, a oferta falha em garantir sua própria demanda – não simplesmente nas circunstâncias abordadas por Keynes, mas ao longo de uma amplo leque de condições econômicas e momentos históricos. Nenhum movimento ascendente na escala garante uma movimento correspondente na hierarquia de formas de superação dos limites sobre o crescimento econômico do lado da demanda. Não há relação entre subir um degrau de um lado e subir do outro, exceto uma homologia relativa de potência: o fraco corresponde ao fraco e o forte ao forte.

Ao alcançarmos o final do espectro, porém, a situação muda: o que expande a oferta também expande a demanda; oferta e demanda ajustam-se uma à outra de formas que impulsionam o crescimento econômico pelo incremento da produtividade e não simplesmente pelo aumento do produto. No final da escala reencontraremos o desenvolvimento de uma economia do conhecimento disseminada: o vanguardismo includente.

Para explorar esse conjunto de formas de expansão da oferta, adotarei um procedimento heurístico: olharei para a oferta do ponto de vista de uma empresa representativa ou modal; uma firma cujas práticas são as mais características de um sistema de produção total em um momento particular. É verdadeiro que em qualquer tempo haverá empresas que permanecerão nesses degraus mais fracos e iniciais dessas formas de ampliação dos limites da oferta e haverá outras empresas que avançarão escada acima. Entretanto, a economia não é apenas um ajuntamento de empresas; vê-la assim seria cometer a falácia da composição. Exceto em momentos de extrema desorientação e contradição, certas práticas, como também as ideias e atitudes às quais elas se associam, tornam-se prevalentes e dão à economia um impulso característico. Um dos aspectos mais reveladores do comportamento e da forma de consciência predominante dos agentes econômicos é a extensão em que seus esforços deixam as instituições econômicas intocadas, inalteradas e mesmo invisíveis ou, pelo contrário, pressionam os limites desses arranjos institucionais.

No primeiro nível, a empresa representativa produz somente em resposta à demanda manifesta, minimizando a estocagem. Ela não forma estoques e sequer aumenta a produção em antecipação à demanda futura. Não busca, igualmente, inovar em suas práticas ou tecnologias. Uma tal orientação representa um caso limite hipotético no qual o crescimento, se ocorrer, será puxado exclusivamente pela demanda.

No segundo nível, a empresa estabelece um estoque para antecipar a demanda futura. No entanto, age passivamente, sem buscar desenvolver novos mercados e clientes ou mudar seus métodos de produção.

No terceiro nível, a firma expande a produção sem inovação significativa em relação a produtos e modo de produzir, exceto quando o corte de despesas possa exigir algum rearranjo (por exemplo, fazer o mesmo com menos funcionários e menos capital). Move-se em busca de novos clientes e mercados e procura fortalecer sua posição frente aos competidores nos mercados estabelecidos. Sua preocupação fundamental é aumentar os retornos sobre o capital, reduzindo a concorrência e os custos enquanto busca defender e aumentar sua fatia do mercado.

No quarto nível, a firma inova tanto quanto se expande. Suas inovações buscam o aumento da eficiência e redução dos custos da produção de bens e serviços consolidados; resultam em uma versão aperfeiçoada de um produto conhecido, com maior retorno sobre o investimento. São voltadas para a eficiência e poupadoras de capital. Não revolucionam a produção; avançam pela acumulação de pequenas melhorias.

No quinto nível, a empresa implementa o que Christensen chamou de inovação disruptiva: combina novas tecnologias e modelos de negócio, seja para gerar uma variante de um produto existente a um preço menor, tornando-o disponível para uma massa mais ampla de consumidores; ou para produzir algo novo, para o qual ela cria um mercado, encontra os consumidores e provoca desejo. Essas empresas criam novos ativos, sob novas formas, e ajudam a criar mercados – e mesmo vontades – que não existiam antes.

Aqui a empresa representativa opera do lado da demanda tanto quanto do lado da oferta da economia. Age assim, porém, em um ambiente em que as instituições econômicas e políticas são incapazes de assegurar quebras repetidas das restrições da demanda e da oferta sobre o crescimento econômico. Em uma tal ordem econômica, que é aquela de todas as economias de mercado passadas e presentes, não há equivalente institucional do contrato impossível de Henry Ford: pagar seus trabalhadores tão bem que possam comprar seus carros.

A inovação disruptiva, nesse sentido, representa uma adaptação da empresa insurgente, oportunista e inovadora à falta de uma solução abrangente do problema que essa seção aborda: a ausência de uma solução ao problema do ajustamento recíproco entre oferta e demanda que favoreça o crescimento. Contrariamente ao que diz o modo de pensamento estabelecido, nenhuma solução resulta espontaneamente do funcionamento de qualquer variante da forma atual da economia de mercado expurgada de falhas da concorrência.

Reinterpretada ao longo dessas linhas, a inovação disruptiva é um forma para a empresa disruptiva obter lucro no nível micro, em seu próprio universo, na ausência de solução favorável ao crescimento para o problema da falta de ajustamento recíproco entre oferta e demanda no nível macro, da economia como um todo. A empresa cria sua própria demanda, dado que a economia não é capaz de fazê-lo por ela. É uma abordagem micro para um problema macro: os inovadores disruptivos lucram, mas as forças profundas da expansão da economia seja do lado da demanda ou da oferta – os arranjos institucionais da economia, a forma como as pessoas são educadas, a organização do Estado e da disputa pelo poder governamental – estão além do seu alcance e de suas preocupações.

Não podemos compensar tais limitações simplesmente fazendo o que estiver ao nosso alcance para incentivar o aparecimento de mais empresas disruptivas. Por um lado, inovação disruptiva em empresas não é garantia de sucesso; a maior parte das que tentaram não sobreviveram à competição com empresas maiores não disruptivas: aquelas que se contentam em buscar inovação voltada para a eficiência e poupadora de capital. Em consequência, a inovação disruptiva não é uma prática capaz de arrebatar a economia simplesmente pela força da vantagem competitiva.

Por outro lado e mais fundamentalmente, alargar o acesso a oportunidades e capacidades do lado da oferta da economia, ao passo em que eleva os retornos do trabalho e o poder de compra da grande massa de homens e mulheres, é uma tarefa que não pode depender de um nível dado de engenhosidade empresarial. Ela requer mudança estrutural, gerada pelas grandes forças da política e do pensamento, que moldam os pressupostos institucionais do mercado de fora dele.

Em vez de somente termos mais firmas disruptivas, devemos ter mais pessoas disruptivas – práticas individuais de inovação disruptiva. Tais indivíduos seriam formados sob os condicionantes do vanguardismo includente; entre eles, a abordagem dialética da educação, a propagação do impulso experimentalista em todos os departamentos da vida social e a proteção aos interesses vitais das pessoas, salvaguardas e dotações que possibilitem que seus beneficiários se sintam seguros em meio à mudança acelerada. Para que possam se desenvolver, os indivíduos disruptivos necessitam de uma ordem econômica e política compatível com suas disposições. Não pode ser uma ordem na qual seus impulsos fiquem confinados a uma elite de empresas avançadas.

Aqui alcançamos o limite do procedimento heurístico oferecido pela empresa modal. A perspectiva torna-se agora aquela da economia como um todo e daqueles que lutam, na política e no pensamento, para reconstruir a ordem econômica.

O sexto nível de superação das restrições da demanda abandona o ponto de vista micro da empresa e volta-se para a perspectiva macro da mudança nos arranjos econômicos e de sua base na educação e na política. Uma vez que enxerguemos o problema sob esse ponto de vista abrangente, corremos risco de sermos avassalados por sua ambição e complexidade. Por onde começar e com que instrumentos? Pode parecer que as várias partes da tarefa exige um conjunto de recursos materiais, morais e intelectuais cuja ausência é a medida de sua importância.

O destino da mensagem deficiente e atualmente impraticável da economia do desenvolvimento clássica – o impulso ao crescimento viria da transferência de recursos e trabalhadores da menos produtiva agricultura para a mais produtiva indústria – contém uma chave para a solução desse mistério. A fixação em um setor da economia – a manufatura – deixou de ser justificável quando a prática de produção mais avançada tornou-se presente em todos as áreas da produção e quando a divisão da economia em setores distintos perdeu nitidez.

O que era então mais avançado – produção industrial em massa – não o é mais e deixou de assegurar convergência incondicional para a fronteira do crescimento na economia mundial; hoje é possível desenvolver a produção em massa e continuar sendo uma economia relativamente pobre e atrasada, operando com baixos salários e desconectada da rede de vanguardas produtivas do mundo, exceto sob a condição de fornecedora de pedaços comoditizados e secundários para essas cadeias de produção, controladas pelos participantes daquela rede. Mesmo na realidade histórica à qual a economia do desenvolvimento se dirigia, a estratégia de mover pessoas e recursos para o setor mais favorável, em vez de disseminar a prática mais avançada para outros setores, representava uma adaptação às circunstâncias. Naquelas circunstâncias, ao contrário da atual, a prática mais avançada encontrava-se mais associada a um setor – manufatura – do que a outros.

Apesar das limitações que hoje fazem dela algo inutilizável, a antiga mensagem da economia do desenvolvimento representa a expressão incompleta de uma verdade poderosa. A verdade é que a melhor maneira para gerar crescimento econômico de base ampla é desenvolver e difundir pela economia a prática de produção mais avançada. Hoje, essa prática não se encontra mais relacionada a qualquer setor particular; a prova disso é o fato de estar presente em todos os setores, ainda que somente como franja da qual a maioria dos trabalhadores e empresas permanece apartada.

A forma mais promissora de superar as restrições da oferta sobre a economia é abraçar a agenda do vanguardismo includente. A partir do entendimento dos seus condicionantes, quebramo-la em pedaços e a transformamos em uma agenda factível. Agindo com base nela, podemos aumentar a produtividade média da economia. Seremos capazes de fazê-lo não por meio de uma assimilação simples de novas tecnologias (como ocorreu nos Estados Unidos de 1994 a 2005), mas graças à generalização de uma prática. Essa prática torna a inovação habitual e aumenta seus atrativos e recompensas, pela promessa de suspender a restrição dos retornos decrescentes.

Pode não parecer óbvio que os avanços no lado da oferta da economia que explorei em minha análise anterior das condições do vanguardismo includente atuem também sobre a expansão da demanda. Porém atuam. Para compreender como atuam é necessário levar em conta outra parte daquela análise: a série de mudanças nos termos legais e institucionais do acesso aos recursos e oportunidades de produção e no status jurídico do trabalho que devem acompanhar a radicalização e difusão da economia do conhecimento.

Essas mudanças remodelam a distribuição de poder, no âmbito do mercado, entre trabalho e capital e entre tomadores e provedores de capital: poder para tomar decisões sobre a alocação do capital e a organização do trabalho. A vantagem econômica, incluindo a mão mais pesada na reivindicação de uma fatia maior nos retornos para o capital ou para o trabalho, resulta diretamente do poder econômico. O sexto nível de iniciativas de superação às restrições da oferta também rompe os limites à expansão da demanda, porque elas são parte de uma redistribuição do poder na economia, com base em uma série de transformações na educação e na política que realocam o poder na cultura e no Estado.

Em qualquer forma generalizada da economia do conhecimento, a corporação e o direito de propriedade unificado deixam de ser os instrumentos jurídicos quase exclusivos da descentralização do acesso aos meios de produção. A desagregação do direito de propriedade – a criação de uma ampla variedade de formas de participação, fragmentárias, condicionais ou temporárias, sobre partes do aparato produtivo – permite a coexistência de diferentes tipos de participação e de participantes em um mesmo recurso produtivo. Também torna possível combinar, em maior extensão do que fazem os arranjos vigentes, a descentralização da iniciativa econômica e a agregação de recursos para assegurar escala. A forma corporativa, com sua internalização do que de outra forma seriam relações contratuais entre partes distintas, torna-se simplesmente o polo extremo de um espectro. No polo oposto está o contrato convencional: plenamente articulado entre partes que acertam troca que se esgota em troca instatânea de prestação e contraprestação. Nas amplas zonas intermédias do espectro encontraremos formas de colaboração que compartilham as característica de ambos, do contrato e da corporação, com contratos relacionais continuados inclinando-se para o lado contratual do espectro, e parcerias ou *joint-ventures* apontando para o lado da organização empresarial. Em tal economia, o trabalho assalariado economicamente dependente deixa de ser a forma predominante de trabalho livre. As formas mais puras e elevadas de trabalho livre – autoemprego e cooperação – progressivamente conquistam a primazia. Sua ascensão dá força prática à concepção sobre a hierarquia das formas de trabalho livre partilhada até meados do século XIX por liberais e socialistas. Ela implementa esse ideal, porém, realizando o que eles não conseguiram realizar: reimaginar a forma institucional e, assim, a expressão jurídica, da economia de mercado. A figura que surge é a de uma economia na qual equipes de trabalhadores empreendedores, profissionais e técnicos trabalham juntos de vários modos, quase todos estão além do contrato bilateral voltado para um desempenho singular e limitado, mas igualmente aquém da forma corporativa.

Somente uma tal reconstrução institucional da ordem de mercado em proveito da descentralização do acesso aos recursos e oportunidades de produção possibilita alcançar, na prática, a ideia de uma economia do conhecimento aprofundada e disseminada.

Tomemos, a título de exemplo, uma das características de uma tal economia: sua luta para transformar a relação entre trabalhador e máquina, em vez de reproduzir o mimetismo do trabalhador à máquina (como sob a produção em massa). O trabalhador está a frente de seu equipamento tecnológico mesmo se esse último o supera, como a inteligência artificial já faz e fará crescentemente, em uma vasta gama de capacidades. Ele reserva tanto quanto possível do seu tempo para aquilo que não pode ser feito pelas máquinas, porque não aprendemos ainda como torná-lo formulaico. O ideal da divisão técnica torna-se a combinação da máquina com o trabalhador como antimáquina. É um ideal cuja efetivação continuará improvável tanto tempo quanto a organização da produção continue sob controle da forma corporativa, do direito de propriedade unificado e da primazia do trabalho assalariado, economicamente dependente, sobre outras formas de trabalho livre. Sob tais condições, qualquer mudança na relação entre trabalhador e máquina permanecerá subordinada ao lucro e aos interesses de controle dos proprietários e daqueles que gerenciam a empresa em seu nome. A mudança no lado da oferta somente será obtida por meio de inovações institucionais e jurídicas que alterem o equilíbrio de poder entre capital e trabalho que influenciam o lado da demanda.

Depois desse exemplo de mudança distante e de longo prazo, volto-me para alguns exemplos mais próximos, de curto prazo. Mesmo os passos mais iniciais da agenda institucional da economia do conhecimento includente têm implicações tanto para o lado da oferta quanto para o lado da demanda da economia. Eles redefinem quem tem acesso e como aos recursos e oportunidades de produção. Entre esses passos iniciais, estão a orquestração do acesso à pratica avançada e à tecnologia para empresas de pequeno e médio porte e a identificação e difusão de práticas bem-sucedidas, ao que se seguem políticas e instituições que organizem a coordenação descentralizada, pluralista e experimental entre governos e empresas emergentes (com o fim de difundir a economia do conhecimento) bem como a competição cooperativa entre empresas. Para cada uma dessas iniciativas há um efeito sobre a renda e a riqueza paralelo ao efeito de empoderamento.

De forma semelhante, a superação do trabalho assalariado economicamente dependente como gênero dominante de trabalho livre deve iniciar com o desenvolvimento de um regime legal que proteja, organize e represente os trabalhadores em relações de emprego precário. Tal regime impediria que a reorganização da produção à base de redes globais de arranjos contratuais resultasse em insegurança econômica radical imposta sob a bandeira eufemística de flexibilização do mercado de trabalho. Ao fortalecer o poder do trabalho frente ao capital, ajuda a impedir a consolidação de um mercado de trabalho dual e impõe uma ascensão da curva dos retornos do trabalho, estimulando a inovação à serviço da produtividade.

Assim, em cada passo da caminhada, em seus desdobramentos iniciais e intermediários, bem como na realização plena de seu potencial mais adiante no tempo, a economia do conhecimento includente pode romper as restrições à expansão da oferta somente rompendo também as restrições à expansão da demanda. Um vanguardismo includente realiza, graças à mudança cumulativa nas instituições econômicas, aquilo que as ideias dominantes sustentam que ocorra quase automaticamente. Bastaria, segundo essas ideias, consertar as imperfeições da concorrência que maculam o mercado tal como ele opera agora. O que tais ideias tratam como fenômeno natural e espontâneo – o equilíbrio entre oferta e procura e as superações sucessivas de constrangimentos a uma e a outra – é na verdade prêmio por conquista dura e de longo alcance: a reconstrução jurídica e institucional da economia de mercado no rumo que este livro descreve.

18 Teoria econômica e vanguardismo includente

18.1 O imperativo da visão estrutural

Para entender a economia do conhecimento e seus futuros alternativos precisamos de mais e melhores ideias do que as que temos. Precisamos fazer em relação à prática mais avançada de produção, hoje, o que Smith e Marx fizeram outrora com a prática de produção mais avançada de seu tempo: tomá-la como fonte de clarividência sobre os aspectos mais profundos e mais gerais da vida econômica como profecia mal compreendida.

O aspecto crucial das ideias necessárias é que elas possam nos oferecer uma forma de pensar sobre a mudança estrutural na economia, o que entendo como mudança nos arranjos institucionais da troca e da produção. A economia é tanto um regime de troca quanto de produção. Nenhum entendimento da vida econômica que se limite a uma dessa faces da economia em detrimento da outra pode pretender ser adequada.

Tanto como regime de troca quanto como regime de produção, a economia existe sob a forma de um conjunto distintivo de instituições e práticas. Os detalhes institucionais importam. Por muitas décadas, a grande premissa dos estudos sociais e econômicos, como também do debate ideológico, tem sido um estoque extremamente restrito de opções institucionais para a organização de uma economia. Uma delas seria a chamada economia de mercado ou capitalismo. No máximo, haveria um pequeno número de versões para cada opção ou tipo, como aquelas discutidas na literatura contemporânea sobre "variedades de capitalismo".

Uma hipótese de trabalho de meu argumento sobre vanguardismo confinado e influente contradiz essa premissa. Não há um tal repertório restrito de formas de organizar em economia. E não há uma forma natural e necessária de organizar uma economia de mercado. Não há uma tal coisa como o capitalismo se por capitalismo entendermos um desses tipos, historicamente recorrente sob certas condições, dotado de uma arquitetura legal e institucional intrínseca e portador de um conjunto de regularidades semelhantes àquelas estudadas pela física.

Regimes institucionais têm consequências de longo alcance: moldam as rotinas da vida social. Podem ser mais ou menos resistentes ao desafio e à transformação. Podem se entrincheirar contra a mudança ou podem facilitar sua própria reconstrução de modo contínuo. Mesmo quando entrincheiradas, porém, não constituem sistemas indivisíveis operando conforme regularidades associadas a seu tipo. Não podemos inferir seus arranjos constitutivos ou entender como funcionam, e como podem mudar, a partir de abstrações como capitalismo ou economia de mercado.

Argumentei que a estrada que vai de um vanguardismo insulado para um vanguardismo includente passa por mudanças nas instituições que definem a ordem de mercado e estruturam a organização da produção. A ciência econômica, como vem sendo entendida e praticada, tem sido um guia de viagem adequado para percorrer tal estrada?

Essa ciência econômica, que exerce influência mundial a partir de suas bases nos departamentos de economia das mais importantes universidades norte-americanas, não é primariamente o estudo da economia. É essencialmente o estudo de um método introduzido pelos teóricos pioneiros do marginalismo (Walras, Jevons e Menger, entre outros) em finais do século XIX. O estudo da economia com base em qualquer outro método não é reconhecido como ciência econômica. A aplicação do método a objetos que não têm qualquer relação direta com a produção ou com a troca é quase sempre aceita como um tipo de exercício em ciência econômica.

O marginalismo sofreu contestação desde seus primórdios. Ainda no século XIX, contemporâneos britânicos dos marginalistas como Alfred Marshall e Francis Edgeworth propuseram abordagens concorrentes. Em seu livro *Mathematical Psychics* (1881) e em outros escritos, Edgeworth buscou desenvolver a economia como uma ciência psicológica e comportamental, no espírito de Bentham. Em seu *Principles of Economics* (1890), Marshall defendeu a transformação da economia em uma ciência das sequências causais dependentes de trajetória e fracamente conectadas, à maneira da história natural. Essas abordagens alternativas ressurgiriam sob formas menos articuladas e mais modestas na história subsequente do pensamento econômico. Desafiaram apenas escassamente a ascendência da abordagem inaugurada pelos marginalistas.

Também é verdadeiro que muito do que tem sido feito pelos economistas na tradição marginalista, de forma crescente, resulta de pesquisa empírica meticulosa, aparentemente infensa ao compromisso com qualquer teoria restritiva. Esse trabalho é apresentado sob a forma de modelos que se mostram compatíveis com um grande número de teorias, incluindo conjecturas causais importadas de outras áreas de estudos, sociais ou psicológicos. Essa impressão de competência e elasticidade intelectual é, contudo, ilusória. A vertente principal do pensamento econômico desde o século XIX tem um direcionamento específico, que o estudo de suas limitações nas próximas páginas deixarão claras. Essas deficiências desqualificam-na para fornecer parte do equipamento intelectual do qual precisaremos para pensar a agenda do vanguardismo includente

A ciência econômica que descende do marginalismo é uma ferramenta útil e mesmo indispensável para pensar sobre a economia e recriá-la. Ela traz uma imensa contribuição à clareza lógica, especialmente quanto a correlações e restrições. Em seu papel de apresentar a conta aos sonhadores, ela lembra o escravo que nos desfiles triunfais romanos postava-se ao lado do homenageado para sussurrar em seu ouvido: lembre-se que você é mortal. Entretanto, ela não pode, por si mesma e sem reconstrução e reorientação fundamental, prover as ideias necessárias para embasar respostas aos problemas mais importantes da vida econômica nas sociedades contemporâneas: os antídotos para a estagnação econômica e a desigualdade e os requisitos para a passagem do vanguardismo insular para o includente.

É frequente que a defesa da prática estabelecida da teoria econômica se apoie no argumento de que não há alternativa melhor disponível – não, pelo menos, uma alternativa que combine uma visão geral da economia com procedimentos analíticos estabelecidos de modo rigoroso. Mesmo a mais bem-sucedida heresia econômica dos últimos cem anos, a teoria de Keynes, não foi capaz de ser desenvolvida por seus partidários em uma abordagem alternativa igualmente genérica dos fenômenos econômicos. Ao contrário, ela foi reduzida (notadamente por seus seguidores americanos) ao papel de mero complemento da teoria legada; apresentada como base teórica para o gerenciamento contracíclico da economia, o keynesianismo foi reduzido a "macroeconomia" e sobreposto sem tensionamento ao corpo herdado do pensamento marginalista, rebatizado por sua vez como "microeconomia". Nesse papel por si só diminuído, sofreu ataques, primeiro, à sua confiabilidade como orientação da política econômica e, finalmente, ao propor qualquer tipo de inferência que, mesmo válida, não pudesse ser retraduzida para a visão marginalista. A falta de uma alternativa bem-sucedida à ciência econômica fundada pelos marginalistas torna a tarefa de suprir essa deficiência tão mais urgente quanto parece não haver recursos à mão.

Para desenvolver as ferramentas intelectuais de que precisamos, devemos entender o que as deficiências da teoria econômica dominante são. As críticas mais conhecidas à economia estabelecida falham em oferecer esse ensinamento; são na melhor das hipóteses meias verdades. Criticam a teoria econômica por suas simplificações, como se a simplificação, sob a forma de seletividade, não fosse a condição de qualquer esforço teórico. Atacam a economia por usar modelos explicativos que idealizam a ordem de mercado, como a prática analítica estabelecida não tivesse entre seus objetivos explorar os contrastes entre as simplificações deliberadas de seus modelos e o funcionamento do mundo real. Acusam a teoria econômica de representar os agentes econômicos como autômatos calculadores, como se a ideia de maximização não fosse um meio para a clareza lógica e com se os desvios do comportamento econômico em relação ao modelo do autômato maximizador não venham sendo há décadas um assunto de primeira ordem para os economistas.

Para construir um novo projeto de ciência econômica, precisaremos de outras críticas à teoria legada pelos marginalistas e seus sucessores. Descreverei o núcleo da concepção marginalista de economia. Em seguida, discutirei os cinco defeitos centrais que resultaram do virada marginalista. A correção desses defeitos é o esboço de um programa para a reforma da ciência econômica e sua conversão na disciplina da qual precisamos para compreender a forma confinada da economia do conhecimento e imaginar sua forma includente. Abordarei, então, os usos e limites de duas fontes de inspiração para esse projeto: a heresia reprimida de Keynes e a economia política pré-marginalista, especialmente como desenvolvida pelos dois maiores pensadores da história do pensamento econômico, Smith e Marx.

Meu argumento sobre a teoria econômica termina com a sugestão de duas formas para fazer avançar a agenda intelectual que proponho explicitamente na presente seção e antecipei, por implicação, em todas as seções anteriores. Um caminho é a evolução e reconstrução da ciência econômica a partir de dentro, tomando como ponto de partida seus métodos e sua cultura profissional. O outro caminho tem um ponto de partida externo à disciplina constituída e seus procedimentos. Essa abordagem a partir de fora recolhe seus instrumentos onde possa encontrá-los e compreende a economia como teoria social aplicada aos fenômenos da produção e da troca.

Não temos qualquer base para afirmar a superioridade de qualquer desses caminhos um sobre o outro. Há muitas razões para experimentarmos ambos para ver o quanto podemos progredir, na esperança de que mais a frente eles possam convergir. Este livro segue a segunda trajetória: o caminho que parte de fora. Não pretende percorrê-lo na forma de um estudo geral sobre a teoria econômica associado com uma proposta explícita sobre algum modo de pensar sobre os problemas econômicos. Vai percorrê-lo observando um tópico particular – um que tem imensas consequências para o futuro da economia e da sociedade e especial valor como alerta para a revisão de nossas ideias econômicas: a natureza e os futuros da economia do conhecimento. Os requisitos para o desenvolvimento do argumento deste livro em direção a um modo geral de pensar sobre a economia não são óbvios. Vou agora torná-los explícitos. E, assim como o programa do vanguardismo includente começa com o existente – a forma confinada e superficial da economia do conhecimento –, também a descrição do modo de pensamento começará com a crítica da teoria econômica legada: a mais bem organizada, autoconfiante e influente das ciências sociais.

18.2 A história de larga escala do pensamento econômico e social: truncando e abandonando a visão estrutural

Antes de abordar a virada marginalista no bojo da história do pensamento econômico, é útil situá-la e identificar suas consequências no contexto mais amplo da história da teoria social e dos estudos sobre a sociedade. Os economistas, em geral e em prejuízo deles mesmos, têm sido indiferentes a essa história das ideias. É claramente impossível, porém, entender e avaliar o que aconteceu à sua disciplina sem levar em conta esse contexto histórico-intelectual.

O tema central na história da teoria social europeia clássica é a natureza, gênese e transformação dos regimes econômicos, políticos e sociais: a estrutura profunda dos arranjos institucionais e pressupostos ideológicos que moldam as rotinas superficiais da sociedade e organizam a forma com que o capital econômico, o poder político e a autoridade cultural têm sido mobilizados para criar o futuro a partir do presente. A teoria da história e da sociedade de Karl Marx foi a realização consumada da teoria social europeia. No centro dessa tradição teórica está uma percepção revolucionária: os arranjos básicos da sociedade são artefatos. Nós os fazemos sob as brumas de um entendimento limitado e sob restrições de circunstâncias que não escolhemos. É necessário um único passo além dessa concepção para pensar os regimes institucionais ou estruturas da sociedade como uma espécie de luta cristalizada: são os arranjos e pressupostos que continuam a moldar a vida social quando nossas disputas em torno dos termos de nossas relações uns com os outros são interrompidas ou contidas.

A ideia de uma cristalização das lutas sugere que o sentido em que as estruturas existem e encontram-se entrincheiradas contra o desafio e a mudança é variável e, de fato uma das mais importantes variações no curso histórico. Quanto mais esses regimes institucionais e ideológicos se debatem contra sua revisão e adquirem, por conseguinte, a aparência ilusória de naturalidade e necessidade, mais poderosos eles se tornam para determinar tanto o futuro quanto o presente. Aparecem para nós como um desígnio alienígena. Parecem dever ser estudados da mesma maneira como estudamos os astros e as rochas. Eles roubam de nós um poder que é nosso e que podemos recobrar se conseguirmos reverter sua recalcitrância à mudança.

Não podemos desentrincheirá-los apenas afirmando teoricamente seu caráter de artefatos. Somente poderemos fazê-lo reformando nossas instituições e práticas, de forma que elas facilitem sua própria transformação e reduzam a distância entre os movimentos ordinários que fazemos em meio aos contextos institucionais e ideológicos que tomamos por dados e os movimentos extraordinários por meio dos quais desafiamos e mudamos partes desse contexto. Saberemos que fomos bem-sucedidos quando a prática extraordinária de mover uma peça desse contexto tenha se tornado ordinária e mesmo banal, ajudando a elevar a experiência e as capacidades de homens e mulheres comuns para níveis maiores de intensidade e poder.

A economia do conhecimento em sua forma profundizada e disseminada, cujos requisitos já discuti, tem grande afinidade com esse ideal, e exemplifica-o no universo prosaico da produção. Ela o faz tanto direta quanto indiretamente: diretamente, adotando práticas que conduzem à inovação permanente e, indiretamente, em virtude de seus condicionantes educacionais, morais e institucionais.

A compreensão revolucionária sobre o caráter construído e imaginado do regime social foi prejudicada, na teoria social clássica e mais claramente no marxismo, por uma série de ilusões, com consequências decisivas para a evolução do pensamento social. A primeira ilusão é a tese da lista fechada: há uma lista fechada de regimes de organização econômica e política alternativos. A história percorre essa lista. Quaisquer poderes de inovação que tenhamos com relação à sua composição ficam severamente limitados. A segunda ilusão é a tese da indivisibilidade: cada um desses regimes constitui um sistema indivisível, com um conteúdo institucional e legal intrínseco. Segue-se então que a política deve consistir ou na substituição revolucionária de um sistema por outro ou na administração reformista de um desses sistemas. O resultado tem sido a exclusão de uma mudança que seja estrutural em conteúdo mas gradual e fragmentária quanto ao método. A terceira ilusão é a tese das leis da história: regularidades de ordem superior, que somos impotentes para contornar ou reformular, governam a sucessão desses sistemas indivisíveis. Não há qualquer papel para a imaginação programática; a história fornece o único programa válido.

A evolução posterior da teoria social é o registro da perda da fé nessas crenças. O aprendizado histórico e a experiência política levaram-nas ao descrédito. O resultado, porém, não foi a reafirmação e radicalização da cognição central que essas ilusões circunscreveram e dissecaram. Tem sido a crescente diluição das afirmativas subjacentes às ilusões. Ao contrário de desenvolver, a partir da crítica à teoria social clássica e ao marxismo em particular, uma visão teorética tão ambiciosa quanto a de Marx, os sucessores de Marx e da tradição da teoria social clássica dissolveram as ideias originais retendo apenas seu vocabulário. Por exemplo, continuam a falar de "capitalismo" como sistema, com sua lógica legal e institucional predefinida e sua passagem dos estágios iniciais para os avançados, terminando em uma crise prevista, embora não possam mais acreditar nas suposições que dão sentido a esse uso do termo.

Por que seria uma economia do conhecimento includente uma continuação do capitalismo ou uma ruptura com ele?

Seus requisitos legais e institucionais, culminando, entre outras mudanças, na superação do trabalho assalariado economicamente dependente como forma dominante de trabalho livre e em uma diversificação das formas de acesso descentralizado aos recursos e oportunidades de produção, implicam um regime econômico incompatível com o capitalismo, tal qual Marx e seus sucessores o entendiam. Porém, em nenhum momento haveria um giro espetacular de um sistema a outro. O trabalho assalariado deixará de ser predominante sem desaparecer. O direito de propriedade unificado seria apenas um entre muitos meios de descentralização econômica. A ordem do mercado não mais seria reduzida a uma única versão de si mesma. A questão sobre se a forma da economia do conhecimento explorada neste livro continua sendo capitalismo não pode ser respondida, porque o vanguardismo includente apoia-se em premissas incompatíveis com as que são subjacentes ao conceito de capitalismo.

As ciências sociais que se desenvolveram ao longo do século XX rejeitaram as ilusões somente ao preço de abandonar também a percepção central que elas toldavam: a influência decisiva do arcabouço institucional e ideológico, que permanece inalterado, incontestado e invisibilizado em meio às nossas atividades ordinárias. O impulso dominante nessas ciências tem sido escapar à tarefa de compreender as realidades estruturais e imaginar alternativas estruturais.

Essas ciências têm negado, cada qual à sua maneira, a distinção, em qualquer circunstância histórica, entre uma estrutura profunda de arranjos e pressupostos formativos e uma superfície vital de rotinas e conflitos modelados por aquela estrutura. Elas suprimiram a possibilidade de imaginar a descontinuidade e alternativas estruturais. Naturalizaram o repertório corrente de formas de organizar as várias partes de vida social: veem os arranjos estabelecidos como resultado de uma convergência evolucionária em direção ao mais funcional, ou como resíduo durável de nossas práticas ordinárias de resolução de problemas e acomodação de interesses. Elas têm ajudado a revestir com um halo de naturalidade, necessidade e autoridade uma história improvável.

As ciências sociais naturalizam a organização da sociedade, quebram a ligação entre a compreensão do existente e a imaginação do possível adjacente, e fogem da tarefa do entendimento estrutural, cada qual à sua maneira. A maneira da ciência econômica tem sido singularmente bem-sucedida. Desde sua refundação pelos teóricos marginalistas em finais do século XIX, a economia eclipsou as demais ciências sociais, em termos de realizações analíticas e em influência prática. Ele permanece, apesar de suas limitações, a mais importante fonte de métodos de pensamento, se não de concepções substantivas, de que necessitamos para desenvolver o programa do vanguardismo includente. No seu estado atual, porém, ela é insuficiente. Para suprir o que ela é incapaz de oferecer, devemos nos confrontar com seu legado.

18.3 Lidando com a economia pós-marginalista: a desconexão entre teoria e empiria

Walras, Jevons, Menger e seguidores propuseram entender a economia como conjunto de mercados conectados. A oferta responde à demanda e a demanda à oferta. Seu equilíbrio recíproco constitui a essência do funcionamento de um mercado. O meio pelo qual oferta e demanda se ajustam é o sistema de preços.

A explicação dos preços relativos foi o exercício hipotético a partir do qual o marginalismo se desenvolveu. Era hipotético porque o aparato analítico que os marginalistas produziram nunca foi utilizado para explicar os preços relativos reais em qualquer economia existente. Os desejos individuais por consumo ou ganhos governam a oferta e a demanda; daí o individualismo metodológico característico, desde seu início, dessa abordagem da economia. A perspectiva assumida era que os indivíduos escolheriam, com relação à alocação alternativa de recursos escassos, aquelas que atendessem de forma mais eficiente suas metas de consumo ou ganho.

Essa forma de pensar simples porém imensamente fértil tornou possível mapear a vida econômica (compreendida como troca mercantil regida pelos preços relativos) com grande precisão. Suas simplificações radicais permitiram que muitas de suas análises tomassem forma matemática. Vamos chamá-la aqui de economia pós-marginalista, no sentido de que são teorias econômicas que surgiram do marginalismo mas permanecem fiéis à sua linha central, ao contrário de outro sentido que a expressão poderia sugerir, de uma ciência econômica que se movesse para além do marginalismo.

Dentre as motivações da reorientação marginalista, duas merecem ênfase especial. A primeira foi superar, com um único golpe, as confusões sobre valor e preço que maculavam a economia pré-clássica, incluindo as de Smith e Marx. A teoria pré-clássica do valor associava e confundia a explicação dos preços relativos com a busca de elementos além da oferta e da demanda que elucidasse o valor dos ativos – a fonte última da riqueza. Disso resultou uma série infindável de falsos enigmas, expressos por exemplo na discussão sobre as relações entre "valor de troca" e "valor de uso." Foi mérito da nova abordagem abandonar o conceito escolástico de valor e oferecer uma forma de pensamento sobre os preços relativos sem referência a valores últimos.

Uma segunda motivação da virada marginalista, mais importante e menos compreendida, foi criar uma ciência econômica cujo poder analítico fosse independente de posicionamentos em controvérsias causais e normativas que se haviam aguçado no momento e contexto em que os marginalistas alcançaram a maturidade intelectual. Os economistas austríacos estavam corretos ao considerar tal economia como uma forma de investigação mais próxima à lógica do que a uma ciência causal. Seu movimento característico foi criar um aparato analítico, centrado na seleção competitiva em mercados conectados, que permitisse explicações ou conclusões somente se combinados a condições factuais, conjecturas ou teorias causais e compromissos normativos oriundos de fora. Quanto mais rigorosa a prática analítica, mais livre ela seria de tais condições, conjecturas, teorias e compromissos. Esse esvaziamento foi o preço da busca de neutralidade e invulnerabilidade que os fundadores dessa teoria econômica haviam buscado. O combustível para fazer a máquina analítica funcionar não poderia vir do interior da máquina. Na história do pensamento social dos últimos dois séculos, não há qualquer contraparte próxima a essa estratégia intelectual, com a única exceção da "teoria pura do direito" de Hans Kelsen.

As consequências dessa abordagem foram decisivas e múltiplas, embora estejam agora disfarçadas pela ênfase da teoria econômica contemporânea na pesquisa empírica. Essas consequências podem ser resumidas no dito segundo o qual há teoria e empiria na ciência econômica, mas elas têm pouco a ver uma com a outra

O esquema quase lógico no centro dessa ciência econômica – escolha maximizadora em condições de escassez – não equivale a uma teoria. Ele não gera explicações causais; dá forma a um procedimento analítico que, exceto por uso abusivo, é tão infenso a controvérsias causais quanto a visões normativas em luta. É um equívoco comum com respeito a esse procedimento, do qual os economistas tornam-se frequentemente cúmplices, interpretá-lo como teoria psicológica ou comportamental, como aquela que Edgeworth propôs ao tempo em que Walras escrevia ou, mesmo, como os trabalhos mais empíricos e menos ambiciosos da economia comportamental e da neuroeconomia contemporâneas.

Contra o pano de fundo desse esquema quase lógico de seleção competitiva e escolha maximizadora sob condições de escassez a explicação procede graças à construção de modelos analíticos, passíveis de expressão matemática. Se o modelo falha na descrição e na previsão acurada dos fenômenos, um outro é gerado, alterando seus elementos ou ajustando seus parâmetros. (Outro Marx disse: "Estes são meus princípios e, se você não gosta deles, tenho outros.") Se os modelos lidam com realidades que, por sua abrangência e duração, exigem explicações causais, as teorias causais requeridas ou serão construídas *ad hoc* ou serão importadas de outra disciplina admitidamente causal como a psicologia. A proliferação de modelos nada faz para desafiar a teoria subjacente, uma vez que a teoria é compreendida, no espírito do marginalismo, de modo intransigentemente austero e rigoroso.

A história da linha principal da teoria econômica desde os pioneiros marginalistas tomou duas direções. O problema não é que essas duas direções contradigam uma à outra; é precisamente que não o fazem. Coexistem pacificamente sem incomodar uma à outra. Uma direção foi a generalização progressiva de sua visão quase lógica. Sua culminação foi a teoria do equilíbrio geral de meados do século XX. A outra direção foi aquela da investigação empírica. O casamento entre o procedimento analítico do marginalismo e a pesquisa empírica é infértil. A teorização causal deve guiar os estudos empíricos. Não encontramos qualquer teoria causal ou conjunto de tais teorias seja nas versões antigas ou mais recentes dessa abordagem analítica. Uma de suas ambições mais acalentadas foi não trazer tais teorias junto consigo. Em uma ciência causal, um acúmulo de fatos contrários normalmente invalida a teoria. Teorias científicas abstratas e ambiciosas, como qualquer dos sistemas encontrados na história da física fundamental, podem resistir à refutação factual por longo período. O rearranjo das relações entre as pressuposições centrais de um tal sistema ou a introdução de qualificações contextuais podem acomodar fatos inconvenientes. Em algum momento, porém, o dique se rompe e a teoria dominante é arrastada pela torrente.

Tais rupturas não podem ocorrer em uma versão pura e rigorosa dessa prática de análise econômica, porque ela evita ou impede a dialética entre investigação teórica e pesquisa empírica. Um modelo pode dar lugar a outro sem causar perturbação para o arcabouço teórico subjacente da economia. Esse arcabouço sempre foi mais próximo da lógica do que da causalidade e da ciência – e portanto mais próximo da matemática como ferramenta de clareza lógica do que como instrumento de apoio para descobertas científicas causais inesperadas.

Em vez ser uma vantagem, como os teóricos marginalistas e seus seguidores acreditavam, a imunidade da teoria subjacente é uma deficiência. Ela condena a pretensa ciência a uma eterna infância. A ciência econômica de que precisamos para avançar o programa do vanguardismo includente deve gerar proposições causais falseáveis baseadas em teorias causais controversas. Seus modelos e sua matemática devem ser subordinados a suas ambições explicativas.

18.4 Lidando com a economia pós-marginalista: o déficit de imaginação institucional

Um segundo defeito da teoria econômica criada pelos marginalistas é sua falta de imaginação institucional. A forma mais importante desse déficit relaciona-se com os pressupostos que a teoria traz acerca da forma legal e institucional da economia de mercado. Quando não é simplesmente agnóstica em relação à forma institucional do mercado, ela equaciona erroneamente a ideia de mercado com um conjunto historicamente contingente de arranjos de mercado que se desenvolveu e se tornou dominante nas economias com que ela lida.

Podemos distinguir três tipos de teoria econômica pós--marginalista pelo critério de como lidam com o problema da definição institucional da ordem de mercado. Chamaremos o primeiro de economia pura. Ele é agnóstico quanto a forma institucional do mercado e paga o preço por esse agnosticismo em alcance daquilo que pode dizer e propor. O segundo e o terceiro tipos – o fundamentalista e o ambíguo – são versões alternativas da identificação desavisada da ideia de mercado com o direito privado e os arranjos econômicos surgidos historicamente nos países do Atlântico Norte: o segundo de forma explícita e agressiva; o terceiro sem convicção e sem firmeza. A lição principal dessa história é simples. A ciência econômica criada pelo marginalismo ou é pura e impotente (em sua capacidade de explicar e também de propor) ou é potente e defeituosa (por sua identificação injustificada da ideia de mercado com uma versão institucional particular da economia de mercado).

A economia pura, como praticada pelos pioneiros marginalistas e seus sucessores mais austeros e rigorosos, evita todo e qualquer compromisso com pressupostos institucionais. O mecanismo de competição seletiva sob condições de escassez não precisa estar materializado em qualquer economia descentralizada ou de mercado; ele pode ser mimetizado, conforme o resultado de um debate ocorrido no meio do século XX, por uma economia dirigida centralmente. A economia pura é tão indiferente à imaginação de versões alternativas da economia de mercado quanto com relação à identificação da racionalidade maximizadora à um conjunto particular de arranjos institucionais. Com essa austeridade ela afasta os erros de outros dois tipos de teoria econômica que descreverei a seguir. Pela mesma razão, contudo, ela se priva dos meios com os quais explicar as instituições econômicas estabelecidas e explorar alternativas a elas. O preço dessa austeridade é a sua impotência explicativa e programática.

A teoria econômica fundamentalista equaciona a ideia abstrata de mercado com um sistema institucional definido, expresso mais especificamente no direito privado e, no âmbito deste, na legislação sobre contratos e propriedade do século XIX, centrada no direito de propriedade unificado e na promessa de execução bilateral. Sua formulação teórica mais clara é a visão desenvolvida por Hayek em meados do século XX: a troca espontânea entre agentes econômicos livres e iguais gera automaticamente o mesmo tipo de ordem de mercado. Temos somente que impedir que essa recorrência natural da estrutura intrínseca da coordenação espontânea seja interrompida ou distorcida pela intromissão governamental nas práticas concorrenciais da troca mercantil. A mesma crença sobrevive, com muito menos clareza mas com formidável tenacidade, na convicção do economista prático segundo a qual mercado é mercado, contrato é contrato e propriedade é propriedade.

Cento e cinquenta anos de análise jurídica mostram que o inverso é verdadeiro. De meados do século XIX até o final do século XX, os juristas descobriram, frequentemente contra suas intenções e expectativas, a indeterminação jurídica e institucional de ideia de mercado. Descobriram que, a cada volta na translação das ideias gerais sobre contrato, propriedade e outros aspectos do regime da troca mercantil, em meio a regras padrões, doutrinas e práticas, há escolhas a fazer: formas alternativas de descer pela escada da concretude. Elas influenciam os arranjos de produção e intercâmbio, como também a distribuição das vantagens econômicas; são relacionadas com a constituição da economia de mercado, não simplesmente com suas consequências distributivas. As escolhas acendem conflitos de interesse e visão, bem como entre pressupostos e conjecturas distintos sobre as consequências das possíveis mudanças. Não podemos pacificar essas disputas inferindo sua solução a partir da ideia abstrata de mercado ou, ainda, passando para o próximo degrau escada acima.

A tese fundamentalista tem implicações graves: ela exclui qualquer tentativa de reimaginar e remodelar a arquitetura institucional da produção. Pois uma tal reimaginação e uma tal reconstrução são essenciais para a difusão e o aprofundamento da economia do conhecimento. De fato, elas se mostram indispensáveis para qualquer mudança abrangente no caráter da produção e de sua prática mais avançada; as forças econômicas e tecnológicas operam em um contexto institucionalmente moldado.

A tese fundamentalista continua a exercer influência, tanto sob formas diluídas como sob formas intransigentes. Um exemplo de diluição é a tese segundo a qual existiria um conjunto universalmente aplicável de princípios práticos de política econômica e organização. Tais princípios ocupariam nível de pensamento intermediário entre a teoria econômica pura e o desenho organizacional detalhado. Eles são sustentados pela primeira e compatíveis com formas variadas do segundo. O objetivo é combater a perspectiva fundamentalista que defende um único programa institucional (como na doutrina da convergência institucional em direção a um determinado conjunto de práticas e instituições – aquelas prezadas pelos países ricos do Atlântico Norte). Mas é, também, demonstrar o valor prático da economia pós-marginalista para o desenho de instituições.

Não escapamos das falhas da visão fundamentalista por meio de sua diluição. Os métodos e ideias puros da economia criada pelos marginalistas não podem gerar orientações práticas para a reconstrução institucional qualquer que seja, exceto se combinada com condições factuais, teorias causais e compromissos normativos estranhos à pura análise econômica. E os princípios supostos universalmente aplicáveis não merecem tal privilégio. Consideremos alguns candidatos a esse papel.

Respeitar os direitos de propriedade e à segurança das transações para garantir aos investidores o retorno sobre seus investimentos. Porém, qualquer mudança estrutural pode causar perturbação com relação a direitos adquiridos. Os direitos dos já estabelecidos conflitam com as necessidades dos novos entrantes, e propriedade é simplesmente um nome para a organização detalhada do acesso ao estoque de capital da sociedade e aos recursos e oportunidades produtivas. Manter a moeda sólida, não gerar liquidez além do aumento da demanda nominal por moeda em níveis razoáveis de inflação. Mas, considerando a presente separação circunstancial de poderes entre governos, bancos e bancos centrais, o gerenciamento da oferta de moeda deve obedecer a múltiplos objetivos (como a legislação respectiva dos Estados Unidos explicitamente reconhece). O Banco Central deve gerenciar a moeda contraciclicamente, expandindo a oferta nos períodos recessivos e restringindo nos períodos favoráveis. Ou, ainda, o desejo de um Estado de criar um escudo contra os interesses e preconceitos dos mercados de capitais visando iniciar uma estratégia rebelde de desenvolvimento nacional pode superar as motivações por trás de uma tal política contracíclica. O governo pode ter razão em aplicar uma política de austeridade fiscal – para não ter que depender da confiança dos financistas e não simplesmente para aplacá--la. Não se pode inferir qualquer posicionamento em meio a essa controvérsias sobre a moeda de qualquer princípio geral intrínseco da teoria econômica marginalista. Somente podemos derivá-lo de uma combinação entre programa político-econômico e uma série de conjecturas e teorias sobre os efeitos prováveis de diferentes políticas e arranjos em uma situação particular.

Direcionar direitos redistributivos tão diretamente quanto possível aos seus necessitados beneficiários. Mas a experiência da social-democracia e dos progressistas americanos quando no poder sugere o oposto: para conter a pressão da fase descendente dos ciclos político-econômicos, uma agenda redistributiva deve beneficiar as famílias trabalhadoras comuns em substituição a apenas um segmento isolado dos muito pobres. Nada na análise econômica pura, na voga da economia pós-marginalista, recomenda a abordagem focalizada, apenas um conjunto de preconceitos de senso comum. A experiência prática os desmente.

Falhou a tentativa de encontrar uma posição intermediária estável entre as proposições institucionalmente vazias da teoria econômica e o compromisso com um conjunto particular de arranjos institucionais, sob a forma de princípios universais de desenho institucional. As proposições não geram consequências institucionais. As recomendações supostamente universais não são mais do que regras de ouro informadas por experiências históricas limitadas e motivadas por objetivos políticos duvidosos. Inovações institucionais significativas, como aquelas requeridas por uma economia do conhecimento includente, são suscetíveis a desafiar essas regras de ouro; o senso comum de uma era é apenas a filosofia de outra era.

A teoria econômica ambígua busca identificar regularidades da vida econômica sob um contexto institucional que ela pode, a princípio, reconhecer como decisivo, mas ignora em sua prática analítica e preocupações programáticas. Seu domínio habitual de aplicação é a macroeconomia. O economista equivocado se propõe a estabelecer regularidades semelhantes a leis científicas entre grandes agregados eco-

242

nômicos como níveis de emprego e inflação. Um exemplo é ideia da curva de Phillips, segundo a qual haveria uma relação estável e quantificável entre o nível de emprego e a taxa de inflação. Se a política monetária e outras empurram o desemprego abaixo de sua "taxa natural", o resultado é inflação. As regularidades devem parecer leis. Ao descobri-las, a ciência econômica voltaria a ser a ciência causal que a economia pura não queria que ela fosse e que a teoria fundamentalista não consegue ser.

A economia ambígua normalmente estuda essas regularidades sem considerar seus pressupostos institucionais, que ela toma como estáveis ou constantes. Um crítico de sua abordagem poderia objetar que essas regularidades – por exemplo, aquelas da curva de Phillips que mapeiam a suposta lei das relações entre desemprego e inflação – dependem de um amplo conjunto de arranjos institucionais detalhados. É suficiente mudar qualquer elemento desse contexto para alterar as supostas regularidades. Em relação à curva de Phillips, os arranjos institucionais formativos podem incluir, por exemplo, aqueles relacionados com o regime da legislação trabalhista e o tipo de organização sindical que ela define, a natureza e o nível do seguro-desemprego e o escopo e titularidade do poder sobre a política monetária. É esse arcabouço institucional da vida econômica definido em detalhes que permanece ignorado por abstrações como capitalismo ou economia de mercado. Porque os detalhes mudam e são objeto de controvérsia e conflito persistente, será difícil confundir essas estruturas formativas com sistemas indivisíveis ou com tipos recorrentes de organização social e econômica.

O economista ambíguo pode até mesmo admitir que possíveis mudanças no ambiente institucional perturbam as regularidades que ele afirma ter encontrado, subtraindo-lhes seu caráter de lei. Se, porém, esse ambiente for de fato relativamente estável – como tem sido nos países do Atlântico Norte –, continuará a desconsiderar essa admissão em seu trabalho analítico e explanatório. Continuará a praticar a economia equivocada.

Para confrontar essas dificuldades, o foco da investigação precisa mudar. Precisa se tornar a relação entre os fenômenos da produção e da troca e o contexto institucional e ideológico – a estrutura – em meio à qual eles ocorrem e, portanto, também o modo pelo qual essa estrutura é imaginada e formada, e, então, reimaginada e refeita. As teorias econômicas pura, fundamentalista e equivocada não podem enfrentar um tal teste; elas oferecem três formas de evasão face ao imperativo do pensamento estrutural.

18.5 Lidando com a economia pós-marginalista: a teoria da produção subordinada à teoria da troca

Uma terceira limitação da economia inaugurada pela virada marginalista é a falta de teoria adequada da produção. Ela oferece análise da troca concorrencial no mercado desprovida de qualquer teoria da produção. Sua visão sobre produção é uma extensão direta de sua teoria da troca, como qualquer um pode verificar simplesmente abrindo os capítulos sobre produção dos manuais de introdução à economia. Mesmo o subcampo da organização industrial toma como assunto primário os mercados em diferentes setores da economia. Atitudes práticas e experiências influenciadas por essa limitação, por sua vez, a reforçam. O economista costuma estar mais interessado em *hedge funds* do que fábricas.

Desde finais do século XIX, a linha principal do pensamento econômico vê a produção através das lentes da troca e dos preços relativos. A subordinação da perspectiva da produção à perspectiva da troca foi facilitada por um aspecto particular das economias com as quais a nova teoria lidava: nelas o trabalho, que está no centro da realidade da produção, pode ser comprado e vendido. Quando o trabalho assalariado torna-se a forma esmagadoramente predominante de trabalho livre, o caminho está aberto para que se vejam os arranjos de produção como apenas mais um domínio de funcionamento dos preços relativos.

A economia pré-marginalista, especialmente nos escritos de Adam Smith e Karl Marx, propunha uma visão sobre a produção e sua transformação histórica. Essa visão era irredutível à teoria da troca. Ocupava, nas ideias desses economistas, um lugar no mínimo tão importante quanto suas ideias sobre mercados, preços e concorrência. Smith e Marx estudaram fábricas: o espaço do que era então a prática de produção mais avançada – a manufatura mecanizada – como uma das inspirações principais de seu pensamento.

Neste livro, cujo tema é a natureza e futuro da atual prática mais avançada de produção – a economia do conhecimento –, a parte mais relevante da ciência econômica é o estudo da produção. Cabe a esse estudo mostrar o que a mais avançada prática de produção revela sobre os características básicas e gerais da vida econômica, como a natureza atual e as possibilidades futuras da relação entre trabalhador e máquina, bem como as relações entre nossos experimentos relativos à transformação da natureza, apoiados pela ciência e materializados na tecnologia, e nossos experimentos sobre as formas como cooperamos. Esses temas têm importância decisiva para o entendimento da produção e sua evolução. Não podemos esperar entendê-los como meros exemplos de intercâmbio mercantil. Eles não abrem seus segredos na seara dos preços relativos. Nem se prestam à representação matemática – não, pelo menos, na matemática relativamente rudimentar que tem servido à economia pós-marginalista. Todos os elementos essenciais da teoria ausente da produção devem estar presentes em uma discussão sobre a natureza e os futuros alternativos da mais avançada prática de produção.

18.6 Lidando com a economia pós-marginalista: uma teoria da seleção competitiva desacompanhada de uma visão sobre a diversificação de materiais a partir dos quais a seleção competitiva seleciona

Uma quarta deficiência da teoria econômica inaugurada pelos marginalistas é que, como ideário da seleção competitiva no mercado, falta a ela entendimento de como se criam as diferenças a que se aplicam os mecanismos seletivos.. A diversidade disponível para seleção é tratada como algo externo aos temas da economia. A teoria pós-marginalista simplesmente toma por dada sua variabilidade e riqueza. Trata-se de falha custosa: a fecundidade de um método de competição seletiva depende da riqueza do material sobre o qual ela trabalha.

Paul Samuelson descreveu a doutrina ricardiana da vantagem comparativa como a descoberta mais poderosa da ciência econômica. Ela é tanto mais poderosa por ser contraintuitiva. Assim como a teoria do comércio como um todo, ela pressupõe a divisão do mundo em diferentes economias operando sob a égide de Estados soberanos. Essa divisão, por sua vez, torna possível a adoção de arranjos institucionais distintos e sustenta as diferentes formas de humanidade que constituem as diversas culturas do mundo. Economias diferentes favorecem a diversidade no desenvolvimento de nossas capacidades produtivas: o que produzimos e como produzimos. Da perspectiva da linha dominante da teoria econômica desde fins do século XIX, porém, a divisão do mundo em economias separadas por fronteiras nacionais e governadas sob diferentes leis é um acidente de pouca significação econômica, se não um penoso constrangimento. Deveria haver somente uma única economia mundial, sob a proteção de um governo mundial e suas leis, livre de custos de transação e de complicações e riscos, incluindo conflitos armados, bem como guerras comerciais e guerras reais decorrentes da existência de Estados soberanos.

É como se a síntese neodarwiniana na teoria evolucionária fosse reduzida à metade do que ela é: a parte de seleção natural desacompanhada da outra parte, relativa à mutação e recombinação genética. A fecundidade de um mecanismo de seleção competitiva depende tanto da efetividade do mecanismo quanto da base de diversidade do material a ser selecionado. Entender a seleção competitiva pela metade arrisca significa correr o risco de não entendê-la de todo: o valor da metade disponível depende de sua relação com a outra metade ausente.

Essa lacuna com respeito à diversificação dos materiais disponíveis para seleção competitiva seleciona está associada proximamente tanto com a ausência de uma visão sobre a produção (outra que não uma mera projeção da troca) e com o déficit de imaginação institucional (especialmente em relação aos arranjos possíveis da ordem de mercado). Pode haver maior ou menor divergência experimental sobre o que é produzido e como é produzido. As instituições que definem a economia de mercado podem favorecer ou desencorajar a criação de novos ativos e novas formas de produção. Eles podem estreitar ou afrouxar o laço entre nossos experimentos com a natureza e nossos experimentos em cooperação. A criação de diversidade não é um fato dado ou uma constante; é uma tarefa. O mais importante princípio relacionado com a implementação dessa tarefa é que um tipo de diversidade ajuda a gerar outra. A melhor ordem de mercado é aquela que não é reduzida a uma versão única de si mesma e permite diferentes regimes legais de acesso descentralizado a recursos e oportunidades produtivas (o que significa dizer diferentes regimes de propriedade) coexistindo em uma mesma economia. Alcançar esse resultado, porém, não dispensa o trabalho de desenho institucional – o delineamento de um regime capaz de acomodar múltiplos regimes –, apenas torna o trabalho mais difícil.

Essas observações se aplicam especialmente a qualquer teoria econômica que pretenda elucidar a natureza e o futuro da economia do conhecimento. A afinidade entre a atual prática produtiva mais avançada e uma política econômica que dê importância maior à diversificação do material a partir do qual a seleção competitiva seleciona é manifesta em todos os aspectos da difusão e do aprofundamento da economia do conhecimento. Consideremos a questão a partir dos dois extremos de um espectro que vai dos aspectos micro da engenharia de produção até o contexto macro – a estrutura institucional da atividade econômica.

Mesmo em sua forma limitada e insular, a prática de produção intensiva em conhecimento combina despadronização ou customização de bens e serviços com sua pro-

248

dução em larga escala. Ao mesmo tempo, ao elevar o nível de discricionariedade e confiança permitido e demandado aos integrantes do processo de produção, abre espaço para a inovação experimental e a diversificação de processos bem como de produtos.

O aprofundamento e a difusão da economia do conhecimento requerem uma ampla variedade de arranjos de organização e financiamento da atividade econômica descentralizada, assim como uma pluralidade de regimes de propriedade e contrato. A defesa e agudização da competição no mercado devem ser complementadas por uma ampliação da diversidade experimental nos métodos e resultados da atividade econômica. Em vez de ser simplesmente admitida, a diversidade deveria ser buscada e efetivada pelas instituições da economia bem como pelas práticas de produção.

Uma ciência econômica útil a uma tal agenda deve ser capaz de suprir a contraparte ausente de uma teoria da seleção competitiva: a parte relativa ao material disponível para a seleção.

18.7 Usos e limites da heresia keynesiana

Um dos recursos disponíveis no debate com as limitações da teoria pós-marginalista é a mais influente e notável apostasia econômica do século XX: a economia de Keynes. Entre suas maiores vantagens está a ênfase na importância da moeda e das atitudes frente ao uso de saldos financeiros, sua introdução da ideia de que oferta e demanda podem se equilibrar em níveis muito diferentes de intensidade da atividade econômica, incluindo níveis de atividade cronicamente deprimidos, e sua consequente justificativa da ação governamental para impedir que a sociedade tenha que pagar um custo terrível pela deficiência dos poderes autorregeneradores do mercado.

Porém, como orientação que precisaríamos para desenvolver o programa do vanguardismo includente e compensar as deficiências da economia pós-marginalista, a teoria de Keynes sofre de quatro defeitos interrelacionados. Ao contrário da economia walrasiana, a de Keynes, em seus aspectos mais gerais e rigorosos, não constitui um procedimento quase lógico. Ela propõe conjecturas causais a partir de uma teoria causal parcialmente explicitada. Entretanto, afasta-se do formalismo dos marginalistas e seus sucessores ao preço de acentuar a ênfase da economia política britânica na psicologia, em detrimento das instituições e da estrutura. Todas as principais categorias do sistema teórico de Keynes – preferência pela liquidez, propensão a consumir, expectativas de longo prazo – são psicológicas ao invés de institucionais e estruturais. Elas supõem um quadro institucional inalterado da economia de mercado, exceto quando o ativismo governamental nas políticas monetária e fiscal implica um redivisão do poder entre o Estado e os agentes econômicos privados. O argumento institucional em Keynes é quase totalmente confinado a espaços limitados da vida econômica (notadamente o mercado de ações) e subordinado a uma visão maior na qual as grandes forças do medo, da ganância, da ilusão e dos "espíritos animais" são os protagonistas. É futilidade lidar com o presente e os futuros alternativos da economia do conhecimento sem abordar a organização e reorganização institucional da economia.

Uma segunda lacuna da teoria de Keynes como fornecedora das ideias de que necessitamos tem relação próxima com o primeiro defeito. Keynes aborda a economia e a retomada econômica primariamente a partir do lado da demanda e não do lado da oferta. Porém, a transformação da produção e o papel desempenhado pela prática de produção mais avançada exige pensamento e imaginação institucional. Um keynesiano poderia objetar que a preocupação imediata de Keynes era repensar a economia tendo em vista a grande recessão que ele e seus contemporâneos enfrentaram nos anos 1930, ao contrário de propor mudanças nos processos produtivos. Porém, nenhuma recessão pode ser compreendida – e nenhuma recuperação organizada – sem atenção a ambos os lados, da demanda e da oferta, da economia. Superações sucessivas das restrições sobre a oferta e sobre a demanda são o requisito fundamental para o crescimento econômico sustentado.

A ausência de uma ruptura dos limites à expansão da oferta que garanta uma ruptura correspondente do lado da demanda, ou vice-versa, é a fonte principal da instabilidade econômica, ao paralisar o crescimento. (A fonte secundária da instabilidade econômica é relação volúvel e perigosa da finança à economia real.) Venho argumentando que o vanguardismo includente é, entre outras coisas, uma resposta prática a algo que, de outra forma, seria um mero enigma teórico: ele rompe com as restrições que limitam o crescimento tanto do lado da demanda quanto do lado da oferta da economia. Ele revisa a distribuição primária da vantagem econômica, em vez de tentar corrigi-la retrospectivamente por meio de tributação progressiva e direitos e transferências redistributivas.

Essa segunda limitação do sistema de Keynes, por sua vez, leva a uma terceira falha: como descrição de crises econômicas, como argumentei anteriormente, ele é a teoria de

251

um caso especial e não uma teoria geral dos modos pelos quais a oferta e a demanda podem não atingir equilíbrio em um quadro de pleno emprego e crescimento econômico continuado. Ele aborda um caso especial caracterizado pela demanda inadequada, pelo desvio da poupança para o entesouramento improdutivo e pela rigidez de um preço em especial, o preço do trabalho. Para ser uma teoria verdadeiramente geral sobre a incapacidade da oferta e da demanda puxarem uma à outra até o próximo nível de superação na organização do crescimento econômico, ela precisaria incluir uma visão da produção e de sua transformação.

Essa lacuna explica por que o keynesianismo foi considerado, inclusive por muitos de seus partidários, inadequado ou, pelo menos, insuficiente, como resposta às "recessões de balanço de pagamentos" do inicio do século XIX, induzidas em parte pela incapacidade do endividamento, do crédito e do dinheiro fácil, em um contexto de grandes desequilíbrios comerciais e de capital no mundo, de compensar a falta de aumento sustentado da produtividade e de crescimento econômico amplo e socialmente includente. Essa incapacidade é, também, o motivo pelo qual a doutrina keynesiana mostrou-se estéril como base para uma resposta ao discurso contemporâneo da "estagnação secular". Esse discurso tenta dar à desaceleração econômica uma aparência de naturalidade e necessidade, atribuindo à estagnação causas que estariam além do nosso controle, como o potencial supostamente menor das tecnologias atuais em comparação com as inovações tecnológicas de cem anos atrás.

A quarta deficiência segue-se da terceira, como a terceira da segunda e a segunda da primeira. A teoria econômica de Keynes vacila entre ser descrição de uma forma de desequilíbrio específico em um quadro de baixos níveis de atividade e emprego (a teoria de um caso especial) e ser teoria do desequilíbrio persistente na economia. Muito em seu espírito e nos argumentos que apresenta erode a crença nos poderes autorregeneradores de uma ordem de mercado idealizada e reificada – um mercado sem Estado, exceto à medida que um Estado se faz necessário para proteger o mercado e gerenciar suas leis impessoais e imutáveis – em qualquer tempo e circunstância. Mas para tornar-se uma teoria do desequilíbrio permanente, precisaria-se tornar a teoria geral das crises que ela não é. Para se tornar uma tal teoria, teria que lidar com o lado da oferta da economia, tanto quanto da demanda, e com a estrutura institucional e as possibilidades da economia bem como com os impulsos e ilusões dos agentes econômicos.

As limitações da heresia de Keynes impedem-na de ser a alternativa à economia pós-marginalista de que necessitamos. Ela também nos ajuda a explicar o curso que a linha principal de ciência econômica tomou no século XX.

Os seguidores americanos de Keynes reduziram sua doutrina a uma teoria que justificava o gerenciamento contracíclico da economia por meio das políticas fiscal e monetária. Eles transformaram-na no dispositivo intelectual e político central das economias mistas e reguladas de meados do século XX. Com esse objetivo, redefiniram-na como macroeconomia: um conjunto especializado de ideias que orientam a relação entre o Estado e a economia, em vez de uma alternativa geral à economia criada pelos marginalistas. Sobrepuseram-na, então, ao corpo da teoria pós-marginalista, não transformado e cada vez mais generalizado. Eles não poderiam ter cometido essa domesticação da doutrina de Keynes se, por outro lado, ela não permitisse, em virtude das deficiências que apontei, tal redução.

Uma vez que a lição de Keynes foi esvaziada de qualquer possibilidade de servir como ponto de partida para uma alternativa à economia criada pelos marginalistas e, ao contrário, foi reduzida ao papel de complemento daquela, o império (a teoria econômica dominante) pôde contra-atacar seu oponente encolhido. Nas décadas finais do século XX, uma série de propostas vindas da direita no campo da economia prática, sob rótulos como "expectativas racionais" e "teoria do ciclos reais de negócios," atacaram a superestrutura da macroeconomia keynesiana como equivocada e desnecessária, argumentando que o que quer que fosse novo nela (isto é, excluindo o modelo padrão da análise econômica) era simplesmente falso. O trabalho de destruição completou-se com uma série de trabalhos sob o rótulo de "microfundamentos da macroeconomia," que reinterpretaram as afirmativas keynesianas de forma a assimilá-las às ideias dominantes.

Essa breve narrativa resume o essencial da história da linha principal da teoria econômica no final do século XX e início do século XXI. Ela é profundamente significativa da trajetória das sociedades do Atlântico Norte, bem como sobre a direção do seu pensamento, como demonstra sua estreita semelhança com o que aconteceu, no mesmo período, na história do direito e da teoria jurídica. A preocupação prática dominante da reforma jurídica e da jurisprudência a ela associada, no século XX, era participar da concepção do pacto social-democrata. Os oponentes dos arranjos de poder e produção estabelecidos deixariam de desafiá-los. Em troca, o Estado passaria a reunir poder para regular o mercado mais intensivamente. Seria fortalecido para atenuar, via tributação e transferências compensatórias retrospectivas, as desigualdades geradas pelo regime de mercado vigente. E seria autorizado a gerenciar a economia contraciclicamente por meio das políticas monetária e fiscal, sem infligir interferência pública ou governamental excessiva sobre as decisões de investimento. Um novo corpo de direito público, a legislação do Estado regulatório e redistributivo, seria superposto a um grandemente inalterado *corpus* de direito privado: as leis de propriedade e contrato, os arranjos constitutivos da economia de mercado. Mais tarde, nas décadas finais do século XX, esse superestrutura de direito público começaria a ser atacada e circunscrita, em nome da flexibilidade, da eficiência e mesmo da liberdade. Sua fraqueza fundamental era a mesma que a do keynesianismo prático: incapacidade de reimaginar os arranjos do direito privado e da economia de mercado, em vez de simplesmente acomodá-los em uma reconfiguração do direito público.

Tais teorias, econômicas e jurídicas, são de pouca utilidade para orientar a formulação e o avanço de um programa de vanguardismo includente. A tarefa demanda auxílio intelectual que a teoria econômica e jurídica, em suas formas atuais, não são capazes de oferecer.

18.8 Usos e limites do exemplo oferecido pela economia pré-marginalista

Outra fonte de inspiração no esforço para enfrentar as limitações da economia criada pelos marginalistas é a economia que precedeu o marginalismo, chamada às vezes economia clássica. Há dois gêneros de economia clássica, distintas em escopo temático e pela amplitude de suas ambições: a disciplina especializada da economia política, tal qual praticada por economistas como Senior, Ricardo, Malthus, Say, e a visão da economia política como teoria social abrangente aplicada aos fenômenos da produção e da troca, que Adam Smith e Karl Marx perseguiram. Meus comentários sobre os usos e limitações da economia pré-marginalista, aqui, tomarão como foco essa segunda vertente, mais ambiciosa, da economia clássica.

Smith e Marx divergiram radicalmente em intenção, métodos e ideias. Não obstante, parecem um ao outro naquilo que os distingue da ciência econômica criada pelos marginalistas. Não haveria razão para emular seu exemplo mesmo que pudéssemos: as falhas da economia clássica tornam-na inutilizável como alternativa geral à economia produzida pela virada marginalista. Entretanto, a crítica da economia clássica ajuda a mostrar o caminho para a teoria econômica da qual necessitamos e que nos falta.

A economia clássica está livre de pelo menos três defeitos da economia inaugurada pelos marginalistas. Ela propõe teorias e explicações causais. Ela não é uma investigação quase lógica em busca de imunidade contra controvérsias causais, que baseia sua autoridade unicamente na clareza e rigor lógico. Não se contenta em importar suas ideias causais de outras disciplinas ou gerá-las *ad hoc*. Ela oferece não somente uma descrição do funcionamento causal da economia como também da evolução em longo prazo da vida econômica. Sua preocupação central era a relação entre regimes institucionais e práticas de produção. Ela via no estudo da prática mais avançada de produção uma via para a compreensão dos aspectos mais profundos e gerais da vida econômica e entendia a história econômica como história de regimes institucionais. Cada regime impõe limites diferentes ao desenvolvimento de nossas potencialidades e está associado a um conjunto distinto de regularidades econômicas. A história das práticas mais avançadas de produção era também uma história de sistemas institucionais. A economia que Smith e Marx praticavam tinha imaginação institucional. Sua abordagem estrutural (dos regimes econômicos e sua formação ao longo da história) estava presa a ilusões necessitaristas características da tradição principal da teoria social europeia: a crença em uma lista ordenada de regimes alternativos, na indivisibilidade destes e em sua sucessão predeterminada. Para eles, a teoria econômica começa e termina com o entendimento de uma ordem distintiva da vida econômica, com seus pressupostos, regularidades e consequências, e com a identificação das grandes forças – leis do movimento histórico – que levam de uma ordem a outra. O foco na descontinuidade estrutural e no progresso não era desinteressado: serviam a uma visão magnânima da oportunidade humana não realizada. Seu impulso era profético tanto quanto explicativo.

Para Smith e Marx, a economia era, no mínimo, tanto uma teoria da produção quanto uma teoria da troca. Não tratavam a economia como se fosse uma casa comercial ou um banco, não mais do que a viam como uma grande fábrica. Enxergavam na atividade produtiva uma série de questões centrais para a economia, irredutíveis à operação da oferta e da demanda em um mercado, e que envolviam a relação entre os modos como cooperamos e os modos como mobilizamos e transformamos a natureza em nosso benefício.

A economia de Smith e Marx era livre (ainda que a um custo) do que descrevi como os primeiros três defeitos do pensamento pós-marginalista – a dissociação entre análise formal e pesquisa causal, a pobreza de imaginação institucional e o sacrifício do estudo da produção em favor do estudo da troca. Entretanto, não consegue escapar da quarta deficiência da economia inventada pelos marginalistas: falta a ela uma compreensão da formação dos diversos materiais a partir dos quais os mecanismos de competição seletiva dos mercados operam.

A economia clássica, na feição grandiosa que ela assume nas mãos de Smith e Marx, em sua forma teórica mais abrangente, sofre de três defeitos (em adição à sua incapacidade para oferecer uma descrição da diversificação, comprometendo seu possível uso como alternativa as pós-marginalismo). Vou listá-los em ordem inversa de importância. A terceira falha é decisiva. Sua correção exige uma teoria econômica muito diferente daquela de Smith e Marx.

A primeira deficiência do pensamento econômico pré--marginalista foi sua devoção a uma causa perdida no terreno da análise econômica: a formulação de uma teoria do valor. A teoria do valor serviria a um duplo propósito: explicar os preços relativos e identificar a origem da agregação de valor na vida econômica. Seria uma ponte entre a superfície (o sistema de preços relativos) e as profundezas da vida econômica (as fontes da criação da riqueza). Nenhuma ponte desse tipo poderia jamais ser construída. Essa expressão quase metafísica de um substrato de valor nunca pôde encontrar um significado preciso e passível de quantificação. Os marginalistas mostraram que uma representação matemática da oferta e da demanda poderia, em princípio, explicar os preços relativos sem necessidade de recorrer a um valor subjacente. A confusão gerada pela tentativa de explicar, a partir da mesma base, valor relativo e agregação de valor, foi reproduzida na teoria do valor sob a forma de enigmas escolásticos sobre a relação entre dois entes imaginários: valor de uso e valor de troca. Embora essa confusão entre preço e valor seja o menos importante dentre os defeitos da economia clássica, foi aquele que forneceu o impulso imediato para a virada marginalista. Nessa empreitada, os marginalistas foram inequivocamente bem-sucedidos.

A segunda falha da economia clássica, nas mãos dos seus dois grandes expoentes, foi sua superestimação do papel da coerção na economia e a subestimação, em consequência, do lugar da imaginação. O casamento entre explicação funcionalista (as consequências de um sistema são as causas de sua existência) e a visão de estrutura e de mudança estrutural característica da teoria social europeia clássica preparou o terreno para um tal exagero. Para Marx, a explicação básica para o caráter de classe da sociedade, e assim para qualquer estágio determinado da evolução da humanidade até o capitalismo, era a necessidade de extração coercitiva do excedente sobre o consumo corrente. Para Smith, a brutalização da humanidade sob a divisão técnica do trabalho era o preço inescapável de um salto quântico da produtividade.

Estavam errados. Não foi por ter um nível maior de poupança agregada que a Grã-Bretanha do século XVIII, seguida pelos Estados Unidos e pela Europa ocidental, tornou-se o berço da revolução industrial. A pesquisa histórica demonstrou que a poupança agregada nessas economias era mais baixa, não maior do que em muitos países da época que não experimentaram qualquer desses avanços. A vantagem ocidental estava em uma série de inovações tecnológicas, organizacionais, institucionais e conceituais, contra o pano de fundo de uma relativa abertura social, política e cultural que garantiu espaço para essas inovações. Encontrava-se, também, na expansão do poderio militar, tanto de defesa quanto de ataque.

As tecnologias da manufatura mecanizada tornaram possível organizar o trabalho de forma que o trabalhador passa a agir como se fosse sua máquina, com movimentos especializados e repetitivos. Essa redução do trabalho à atividade mecânica tinha a vantagem de facilitar a difusão desse modelo de produção, devido à minimização dos seus requisitos educacionais. Mesmo máquinas simples, porém, podem ser concebidas por pessoas com capacidades complexas visando realizar quaisquer tarefas que tais pessoas tenham aprendido a rotinizar, reservando assim seu tempo para outras tarefas. É somente uma coevolução da tecnologia, dos recursos humanos e do regime jurídico da produção, com suporte de um controle administrativo exercido em nome de um regime específico de propriedade, que pode explicar a brutalização do trabalhador observada por Smith.

Assim como exageraram a necessidade de coerção nas economias que estudaram, Smith e Marx subestimaram o papel da inovação e de nossos poderes imaginativos. Na extensão em que for disseminada e profundizada, a economia do conhecimento coloca a imaginação de forma visível no centro da vida econômica. Ela demanda uma teoria econômica para a qual a prática mais avançada de produção será aquela que melhor conseguir remodelar a cooperação a partir do modelo da imaginação, sob todos os aspectos explorados em meu argumento. Mas inovação e imaginação sempre foram mais importantes para a economia do que a extração coercitiva do excedente ou a gestão despótica do trabalho, exceto nas condições de acumulação mais primitivas. A economia de que precisamos deve reconhecer sua centralidade.

A terceira e mais importante falha da economia clássica, em sua versão superior, é sua contaminação por um entendimento defeituoso dos regimes econômicos: a "sociedade comercial" e seus antecessores, para Smith; o "capitalismo" e os demais modos de produção, para Marx. É a mesma visão de estrutura e sistema que grande parte da teoria social europeia adotou no século XIX e início do século XX. Smith, que escreveu ainda muito no início da história dessa tradição, apresentou uma versão suavizada dela. Marx foi o autor que deu a ela sua expressão mais poderosa e sua forma mais esquemática e abrangente. Ambos os pensadores fizeram do regime – seu funcionamento, características e consequências – o tema central de sua teoria econômica.

Eles descreveram a sociedade comercial ou o capitalismo como um tipo recorrente de organização econômica e como um estágio bem delimitado da nossa história. Ele tinha, para Marx, muito mais do que para Smith, um conteúdo institucional e jurídico intrínseco. Esse tipo foi descrito como um sistema indivisível. Podemos administrá-lo ou substituí-lo por outro sistema se os condicionantes e regularidades da história permitirem uma tal substituição. Entretanto, não podemos reimaginá-lo ou refazê-lo em etapas e por partes. Eles associaram as mais elevadas ambições da teoria com a explicação da sucessão dos regimes econômicos ao longo da história, como também com supostas leis de funcionamento do regime que mobilizava sua atenção imediata e a prática de produção por ele sustentada.

Eles se confundiram, assim, quanto ao caráter básico dos regimes econômicos com que lidaram. O arcabouço institucional e ideológico de uma economia exerce imensa influência. Ele molda as rotinas tanto da troca quanto da produção. Não é, porém, um fenômeno natural como a estrutura atômica de um pedaço de natureza. O próprio sentido como existe é variável: sua força depende da extensão em que os arranjos institucionais e práticas discursivas do regime encontram-se organizados para facilitar ou resistir à revisão. Nenhum regime forma um sistema indivisível, na base do "pegar ou largar". Essas ordens institucionais e ideológicas são construções modulares: o resultado de diversas sequências frouxamente conectadas de conflitos entre interesses e ideias. Elas mudam, nós as mudamos, passo a passo, parte por parte. A mudança fragmentária, parcial e descontínua não é somente compatível com a transformação dessas estruturas, está perto de ser a única maneira pela qual que elas se transformam.

Elas se transformam sob restrições, mas não conforme um roteiro determinado por leis da história. Diferentes regimes competem como cenários possíveis para o que Marx chamou de "desenvolvimento das forças produtivas". Mas uma mesma vantagem funcional – poderio econômico ou militar – pode ter fundamentos institucionais distintos. Uma inovação institucional admitida em nome de seus benefícios práticos frequentemente só pode ser implementada sob uma forma que cause menos distúrbio aos interesses e preconcepções dominantes: o que poderíamos chamar de caminho de menor resistência. O vanguardismo insular, a forma atual da economia do conhecimento – o confinamento da prática de produção mais avançada a franjas nos diversos setores da economia – exemplifica esse caminho de menor resistência em nosso tempo.

Os inimigos do caminho de menor resistência são o pensamento e a democracia: pensamento sobre estruturas e sua transformação, livre das ilusões que sabotam, como no caso da teoria social europeia clássica, nossa compreensão do caráter construído e imaginado da vida social; democracia remodelada para dominar a estrutura estabelecida, sem exigir crise como condição de mudança.

18.9 Duas maneiras de desenvolver as ideias necessárias: por dentro e de fora do pensamento econômico estabelecido

Uma prática de análise e interpretação econômica útil para a formulação do programa de uma economia do conhecimento includente deve se libertar dos defeitos da ciência econômica criada pelo marginalismo sem repetir os erros da teoria pré-marginalista. A única grande fonte de visões e métodos para o alcance desse objetivo é a ciência econômica estabelecida. O trabalho realizado sob sua inspiração é limitado, nos termos que discuti. Com todas as suas lacunas, porém, permanece sendo o conjunto mais poderoso de ideias sobre a economia. Para realizar a tarefa, precisamos corrigir suas deficiências, sem dispensar seu auxílio.

Podemos realizar esse esforço de mais de uma maneira. Podemos fazê-lo como teoria abrangente ou como teoria fragmentária. E podemos operar a partir de dentro ou de fora da teoria econômica estabelecida e de sua comunidade discursiva. Há como combinar essas opções intelectuais de varias maneiras.

A alternativa intelectual pode assumir a forma de um projeto teórico abrangente. Em sua forma mais ambiciosa, tal projeto continuaria de onde Smith e Marx pararam. Retomaria as preocupações da economia clássica sem sua superestimação da importância da coerção e sua subestimação do papel da imaginação na vida econômica, e sem suas ilusões deterministas sobre regimes, descontinuidade estrutural e alternativas estruturais. Ela aspiraria a ser o que a economia de Smith e Marx era: teoria social aplicada aos fenômenos da produção e da troca. Tal alternativa intelectual, desenvolvida como teoria abrangente, pode também resultar de um movimento interno à análise econômica, como o movimento que gerou o marginalismo no final do século XIX ou a heresia limitada de Keynes em meados do século XX.

Uma teoria abrangente será sempre algo excepcional, tome ela ou não o pensamento econômico reinante como ponto de partida. O caminho normal para a mudança de curso da teoria econômica, a partir de dentro ou de fora dela, é fragmentário ao invés de abrangente. Ele desenvolve novas ideias e métodos à medida que se tornem necessários para resolver um problema específico, como o confinamento da prática de produção mais avançada a vanguardas insulares e elites tecnológicas e empresariais.

Pode ganhar profundidade, apesar de seu caráter fragmentário, à medida que focalize a relação entre os fenômenos na esfera da produção e da troca e o seu contexto institucional – o regime econômico – em substituição a tomar os arranjos vigentes do mercado como naturais e necessários. A imaginação da reforma radical – a mudança parcial porém cumulativa da estrutura estabelecida – é seu interesse teórico e prático primordial. Suas esperanças intelectuais, mas também prático-políticas, concentram-se na aliança entre teoria fragmentária e reforma radical.

Este livro é um exemplo de teoria fragmentária. Ele explora e exemplifica uma maneira de pensar. Com base nesse modo de pensamento, propõe reformas radicais na organização da economia, a ser alcançadas por partes. Busca a aliança da teoria fragmentária com a reforma radical. Ele não oferece qualquer descrição genérica a respeito da economia e de sua transformação. Entretanto, ao abordar seu tema – o caráter e os futuros alternativos da produção intensiva em conhecimento – se vê forçado a indicar alguns elementos para um direcionamento alternativo de nossas ideias econômicas. Seja a teorização abrangente ou fragmentária, podemos escolher cumprir a tarefa a partir do interior do discurso especializado e do mundo profissional da ciência econômica ou a partir de fora deles: a partir de dentro ou de fora.

Cumprir a tarefa a partir de dentro não significa rendição às ideias e métodos hoje dominantes. Deve significar usá-los e, ao mesmo tempo, resistir a eles e revisá-los. Negar que tal prática de engajamento qualificado seja possível na ciência econômica seria supor que o marginalismo definiu a direção correta da teoria por toda a eternidade. Seria recear que não sejamos capazes de repetir seu exemplo de renovação intelectual. Equivaleria, também, a desconsiderar a diversidade na história do pensamento econômico, exemplificada pelas concepções rivais do programa marginalista de fins do século XIX, como a abordagem da economia como ciência psicológica de Edgeworth, na tradição de Bentham, ou a proposta de Marshall de desenvolver a economia como ciência das sequências causais contextualizadas e frouxamente conectadas, à maneira da história natural e por analogia com a ciência das marés e do clima.

Sob essa prática de teoria fragmentária a partir de dentro, o pensador deve desafiar a disciplina especializada em seus próprios termos (pois ela se recusará a aceitar os dele) e segundo seus próprios padrões, incluindo sua matemática e sua modelização, mantendo ao mesmo tempo conceitos próprios e padrões mais exigentes. Ele deve mostrar os passos por meio dos quais e economia estabelecida pode expandir seu escopo, ampliar seus instrumentos e relacionar a explicação do real com a imaginação do possível adjacente, posto que entender algo é sempre compreender o que ele pode se tornar.

Mesmo que suas intenções sejam revolucionárias, o pensador deve, com efeito, praticar a reforma radical no domínio das ideias para, então, usar as ideias como guia para a reforma radical no domínio da prática. Ele pode inclusive achar útil apresentar cada conjunto de ideias em duas versões: uma dirigida à disciplina atual, que respeita seus métodos e critérios, e outra mais livre de tais restrições.

É caminho que se pode trilhar somente à custa de dificuldades, privação e sacrifício. É provável que traga problemas para quem tente segui-lo. Se, porém, o esforço for bem-sucedido, se não imediatamente ao menos pelo julgamento de um tempo por vir, seus efeitos serão duradouros e de longo alcance. A recompensa pelo engajamento em uma disciplina exigente e suas práticas e métodos é o desenvolvimento de um modo de pensar que muitos poderão compartilhar, em vez de ser relegado à especulação dos filósofos.

O caminho de dentro para fora não pode ser nunca a única forma de abordar um grande problema da teoria econômica, por exemplo, a natureza e os futuros alternativos da economia do conhecimento. A ciência econômica deveria ser o estudo da economia, não o estudo do método introduzido pelos marginalistas. Sempre será possível fazer ciência econômica de maneiras que os economistas profissionais não reconhecerão como tal e preferirão descrever, se tiverem boa vontade, como filosofia ou teoria social.

O apelo dessa abordagem a partir de fora é que deixa de ser necessário dizer apenas o que pode ser dito nos termos da ciência econômica estabelecida. Mas essa vantagem pode pesar pouco se o trabalho a partir de fora da economia estabelecida não gerar padrões rigorosos por si mesmo e não for capaz de ser incorporado a uma prática intelectual que muitos possam partilhar, sem que se exija genialidade como condição de adesão. É improvável, também, que obtenha qualquer resultado relevante se a ambição, a vaidade e a ignorância levarem-na a subestimar as realizações da ciência econômica estabelecida e o valor de suas descobertas e de seus métodos, inclusive para aqueles que pretendem rebelar-se, de fora, contra ela.

Considerem, por exemplo, o problema frustrante do papel da matemática na teoria econômica. Na prática analítica inaugurada pelos marginalistas, a matemática adquiriu um papel proeminente: tornou-se a ferramenta privilegiada de uma atividade analítica mais próxima da lógica do que da ciência causal. Para o tipo de modelização no qual a economia pós-marginalista se desenvolveu, a matemática permanece o instrumento fundamental, mas elucidando as implicações dos diversos esquemas referentes a diferentes áreas da atividade econômica a partir de estipulações factuais e teorias causais, bem como conteúdos normativos, importados de fora de seu aparato analítico.

Na teoria econômica para a qual este livro e a discussão precedente a respeito da economia e de sua história apontam, o lugar da matemática encontra-se em aberto. A utilização da matemática não precisaria ter relação mais íntima com a investigação causal do que ela tem na economia estabelecida, antecipando e provocando, bem como identificando retrospectivamente nexos causais – o papel que a matemática vem representando na história da física básica. A matemática pode ser útil em algumas circunstâncias e não em outras. O limite de sua utilidade estaria na exploração do que é qualitativo e não quantitativo (como as descontinuidades entre diferentes níveis de superação das restrições do lado da oferta e do lado da demanda ao crescimento); em tudo que diga respeito à influência de trajetória específica de mudança (*path dependency*), no lugar de verdades econômicas atemporais; e naquilo que envolva a estrutura institucional e a mudança institucional em vez de alocação e realocação de recursos. Tal análise econômica utilizaria a matemática mais seletivamente do que a prática estabelecida faz. Ela faria pouco caso da matemática relativamente primitiva que uma teoria econômica que idolatra a matemática privilegia. Demandaria uma matemática mais elevada, capaz de conduzir a expressão matemática da atividade econômica para mais perto da fronteira do qualitativo, do estrutural, do histórico.

Este livro é um exemplo de teoria fragmentária, ao invés de abrangente, e do caminho a partir de fora, e não de dentro, da ciência econômica estabelecida. Seria puro dogmatismo afirmar a precedência de um desses caminhos sobre o outro: o abrangente sobre o fragmentário, o externo sobre o interno e vice-versa. Cada abordagem tem suas vantagens e desvantagens. Devemos desejar que todas tenham seus teóricos e praticantes. Poderemos julgá-las, então, pelas descobertas que tornarão possíveis, em vez de classificá-las em uma hierarquia que só faz rebaixar o estudo da economia ao nível de nosso juízo do que cada um faz melhor.

19 O propósito superior da economia do conhecimento includente

A insularidade da prática de produção mais avançada origina um mal distinto dos males da estagnação econômica e da desigualdade. Ao condenar a vasta maioria da força de trabalho, mesmo nos países mais ricos e com a população mais escolarizada, a empregos menos produtivos, ela também os apequena. Força-os a viver vidas diminuídas, dando escopo inadequado ao desenvolvimento de suas potencialidades e à expressão de sua humanidade. Superar esse mal do apequenamento transformando a experiência do labor cotidiano é o propósito mais elevado do vanguardismo includente.

É verdade que muitos dos que permanecem excluídos da economia do conhecimento em sua forma confinada atual conseguem escapar do apequenamento em trabalhos que requerem cuidar de outras pessoas. A economia do cuidado, porém, também pode ser transformada, fortalecendo tanto seus beneficiários quanto seus agentes, se ela incorporar aspectos da prática de produção mais avançada atual.

***

Uma forma de aprofundar a compreensão sobre o valor maior de uma forma aprofundada e difundida da economia do conhecimento é examinar as visões de Marx e Keynes sobre o lugar da atividade econômica na autoconstrução da humanidade. Tanto Marx quanto Keynes previram uma vitória sobre a escassez no futuro próximo, e a viam como uma virada decisiva na história da humanidade. Ambos acreditavam que a superação da escassez nos permitiria eliminar o fardo odioso da necessidade de laborar pela subsistência – o sustento do indivíduo e da sociedade. Ambos pensavam que o trabalho produtivo era um imperativo instrumental: necessário apenas até que o reino da escassez chegasse ao fim. Para o Keynes de *Possibilidades Econômicas para Nossos Netos* (1930), a superação futura da escassez possibilitaria que nos devotássemos às sublimidades privadas – a mais elevada forma de experiência – em lugar de nos desgastarmos em um trabalho desempenhado sob a pressão da necessidade econômica. Para o Marx de *A Ideologia Alemã* (1846) e da *Crítica ao Programa de Gotha* (1875), o desenvolvimento das forças produtivas, tornado possível pela sequência ordenada de modos de produção, chegaria a termo com a abolição da escassez. A abolição da escassez significaria o fim da sociedade de classes: a estrutura de classes foi necessária para viabilizar a extração coercitiva de um excedente sobre o consumo corrente. Uma vez que sua base funcional ocasionada pela escassez despareça, não haverá mais necessidade de uma divisão de trabalho que obrigue o indivíduo a se mutilar, dedicando a maior parte de seu tempo, por força da restrição econômica, à expressão de um aspecto apenas limitado de sua humanidade.

Nas paginas remanescentes deste livro, enumero alguns motivos para rejeitar tanto essa visão da escassez quanto essa concepção de trabalho. Não há elementos que possibilitem esperar que a humanidade supere a escassez em qualquer futuro previsível. Entretanto, a necessidade de que continuemos trabalhando sob a sombra da escassez não precisa nos levar a abaixar nossas cabeças.

Sob uma forma disseminada e aprofundada da economia do conhecimento, podemos esperar mais da experiência de trabalhar do que a visão instrumental do trabalho nos proporciona. Ao reconsiderar esses temas a partir das ideias de Marx e Keynes, podemos obter maior clareza sobre o propósito do vanguardismo includente.

***

Há três motivos para duvidar que nos livraremos em breve do fardo da escassez. A economia do conhecimento tem potencial para atenuar e mesmo reverter a restrição imposta pelos retornos decrescentes à alocação de quantidades maiores de qualquer insumo na produção de um bem ou serviço. A realização desse potencial, porém, não significa o fim da escassez. Mesmo a extensão da produção intensiva em conhecimento para grande parte da economia não será suficiente.

Um primeiro motivo para a persistência da escassez é que todas as sociedades históricas geram continuamente novas e surpreendentes formas de subjugação e exclusão. Elas o fazem em consequência da luta pelo poder dentro de Estados e entre eles. A escassez se abate sobre os vencidos, mesmo que não representem mais perigo para os vencedores. Um exemplo é o surgimento do emprego precário, na esteira do declínio da produção em massa.

Nossa melhor perspectiva, hoje, para impedir que a subjugação e a exclusão se renovem sob novas formas, ao mesmo tempo que aceleramos o crescimento econômico, é combinar o avanço do vanguardismo includente na economia com o desenvolvimento de uma democracia de alta energia na política. Mas essa é uma direção e não um porto seguro. Podemos ser surpreendidos ao longo do caminho por reviravoltas na luta pelo poder, entre capital e trabalho ou de outra natureza, e novas instâncias de vantagens e desvantagens entrincheiradas.

A criação permanente de desigualdade é agravada pelo elemento malthusiano na história econômica. As vítimas de tal provação têm filhos não apenas como salvaguarda contra a insegurança econômica mas também como sinalização de esperança. A fecundidade diminuirá – talvez continuamente – no dia em que a escassez tiver sido superada.

Um segundo motivo para prever longa sobrevida para a escassez é o caráter mimético e insaciável do desejo e do consumo, que a economia do conhecimento pode contribuir muito para reforçar. Um dos traços da economia do conhecimento, mesmo no nível relativamente superficial da engenharia de produção, é permitir a despadronização e customização de bens e serviços, com escala e com preços acessíveis ao mercado de massa, ao contrário da pequena escala e do custo relativamente alto da produção artesanal.

Esse potencial característico da manufatura avançada e dos serviços densos em conhecimento amplia a margem para o desejo mimético. Em larga medida, queremos o que outros querem. Para além das necessidades básicas de preservação e reprodução da vida, o desejo humano não possui contexto fixo. Ele é facilmente capturado pelo exemplo alheio, que lhe dá o conteúdo que lhe falta. A customização possibilitada pela nova prática mais avançada de produção permite que haja mais o que desejar e mais desejo de imitar, mantendo ao mesmo tempo, sob a máscara da imitação, a aparência de uma vontade autônoma.

O desejo humano não é somente mimético; é também vazio, móvel e insaciável. É insaciável porque ao se fixar, para além das demandas da subsistência, em objetos particulares, exige deles adiantamentos que nenhum bem ou serviço é capaz de assegurar: que cada um seja aquilo que pensa ser e que haja um lugar incondicionado para ele no mundo. Buscamos o ilimitado no limitado, o absoluto no condicionado e o eterno no transitório. Não podemos ter o que queremos. A frustração do nosso desejo de obter de particulares aquilo que eles não podem dar nos condena a reiniciar eternamente essa busca. E as novas formas de produção da era da economia do conhecimento multiplicam as justificativas para continuar buscando.

Se o desejo é insaciável, a escassez não pode ter fim: nunca haverá o bastante daquilo que queremos. A escassez pode ser medida somente em relação ao desejo. Desejo ilimitado não significa demanda ilimitada: pois a demanda é a tradução do desejo em poder de compra. Não há, portanto, contradição em tratar o desejo como ilimitado e reconhecer que há restrições ao crescimento econômico relacionadas tanto à demanda quanto à oferta e que uma ultrapassagem desses limites em um dos lados não assegura uma ruptura correspondente no outro lado.

Um terceiro motivo para a sobrevivência indefinida da escassez é a importância cada vez maior, nas sociedades em que a economia do conhecimento emerge, de um subconjunto de desejos e demandas: aqueles relacionados com nossa necessidade de serviços personalizados e atenção por parte de outros. Nosso apetite por coisas, mesmo customizadas, pode eventualmente diminuir. Máquinas podem tomar o lugar daqueles que as produziam. Não há limite, porém, para o nosso desejo por serviços e atenção de uns pelos outros. Se não se nos oferecem, tentamos comprá-los. Cada auxílio específico que adquirimos de outra pessoa serve para substituir aquilo que cada um de nós mais deseja: a garantia de lugar incondicional no mundo.

A crescente importância relativa dos serviços que podemos prestar uns aos outros assegura que a escassez não terminará. Nunca poderemos ter o suficiente do estoque finito de serviços disponível, pois todo serviço desempenha, além de sua função visível e imediata, também um papel ulterior. Isto não seria menos verdadeiro em uma economia na qual o trabalho assalariado economicamente dependente tivesse cedido o lugar a uma combinação de autoemprego e cooperação como forma predominante de trabalho livre.

Robinson Crusoé, em sua ilha, acumulava coisas para diminuir sua dependência de pessoas e compensar a ausência delas em sua vida. Ele fez o que todos fazemos: tornou a acumulação de coisas um substituto funcional para a dependência de pessoas. Mas o caráter falho e insatisfatório dessa substituição logo fica claro. Mesmo Robinson Crusoé necessitava de Sexta-Feira e sonhava em voltar para casa. Mesmo ele queria substituir a acumulação de coisas pela companhia de seus amigos e compatriotas.

A ascensão e a difusão da economia do conhecimento não alteraram esses fatos. Emprestam-lhes, inclusive, mais força. De um lado, provocam uma transição, no mundo do trabalho, da manufatura avançada para os serviços personalizados. De outro lado, enquanto nosso enriquecimento individual e coletivo pode diminuir nossa carência de coisas, aumenta nossa carência de pessoas e de seus serviços.

***

Ao contrário do que Marx e Keynes supunham, não temos perspectivas de superar a escassez, embora o significado da escassez possa mudar sob uma forma de produção que afrouxe ou reverta a restrição dos retornos decrescentes – que até hoje permanece como a regularidade mais persistente e universal da vida econômica. No entanto, tampouco devemos aceitar a visão instrumental do trabalho, sob qualquer forma de divisão do trabalho estabelecida. A visão instrumental do trabalho era a que Marx e Keynes tomavam por dada, vendo o trabalho no sistema de produção como necessidade bruta, imposta a nós pela escassez e nos desviando de nossas possibilidades superiores. Essa concepção do trabalho equivale a uma espécie de demissão do mundo. Ela desespera de ver os atributos mais elevados de nossa humanidade expressos em nossa existência material, a menos ou até que o peso da escassez seja suspendido. O ideal de trabalho que nos habilita a construir e mudar a nós mesmos ao tentarmos mudar alguma parte do mundo somente parece ser possível, segundo essa visão, em uma sociedade na qual a necessidade material tenha deixado de nos atar à roda da produção. Até lá, nem mesmo os privilegiados serão livres; eles serão consumidos pela luta para manter sua vantagem e exercer o poder a ela associado, a menos que sejam artistas ou pensadores avulsos vivendo como apóstatas da ordem social. Esses "happy few" precisarão de inteligência, virtude e sorte para não se deixar corromper por seus privilégios.

A vida econômica, entendida dessa forma, é sempre um reino de constrangimentos. A liberdade é liberdade face à economia, em vez de liberdade na economia.

Nenhum regime econômico ou prática de produção oferece liberdade irrestrita. No entanto, a extensão em que a produção pode se tornar um terreno de liberdade ou de restrição varia de um regime econômico e político para outro e de uma prática de produção para outra. À medida que se aprofunda e difunde, graças aos meios e na direção que venho descrevendo, a economia do conhecimento ascende na escala da abertura a experiências mais elevadas de liberdade. Ascenderá mais em razão de suas características mais profundas – seu potencial para gerar retornos crescentes, a remodelagem da produção como descoberta e o estímulo à confiança e à discricionariedade – do que por seus traços superficiais – aqueles apresentados em sua forma insulada atual. E mais em virtude dos requisitos educacionais e cognitivos, sociais e morais e jurídicos e institucionais de sua difusão e profundização, do que em consequência dessas características mais profundas. E, por fim, ainda mais pelos efeitos dos condicionantes de segundo plano que favorecem o cumprimento desses requisitos – a radicalização do impulso experimentalista na cultura e a democracia de alta energia na política – do que por seu preenchimento.

Não é tanto a economia do conhecimento, vista à parte como prática de produção, que tem o potencial para oferecer liberdade na economia em vez de libertação da economia, mas sim o movimento mais amplo, no âmbito da prática e do pensamento, em meio ao qual o avanço da economia do conhecimento pode ocorrer. Quanto mais longe nos voltamos da estrutura interna da produção para sua base institucional e cultural, maior se torna a oportunidade para mudar a relação entre liberdade e constrangimento. É o conjunto – a prática de produção no contexto dos estímulos ao alcance de seu potencial distante – que contém a promessa emancipatória.

Considerem o conteúdo dessa promessa a partir de duas perspectivas complementares: a natureza e o status do trabalho e a relação da prática de produção à nossa experiência mental.

Há três concepções fundamentais do trabalho na história da civilização. As duas primeiras têm assombrado a humanidade ao longo da história. A terceira é uma invenção recente e revolucionária. A primeira é a visão instrumental do trabalho: trabalho como algo que a vasta maioria das pessoas tiveram que empreender, em sociedades desiguais e curvadas ao jugo da escassez, ao longo da história. Alívio e humanidade encontram-se em outra parte: na vida familiar e nas relações interpessoais, fora do cárcere do trabalho inevitável.

A segunda é a ideia de trabalho como vocação diferenciada: um posto, uma profissão, uma especialidade no âmbito da divisão social do trabalho, assegurando respeito e autorrespeito bem como um meio de subsistência. Ocupar um tal posto é reconciliar necessidade material e moral, embora ao custo de tolerar as rotinas características de cada papel predefinido na economia e na sociedade. Equivale a admitir a inevitabilidade de uma mutilação: que para ser alguém na sociedade precisamos nos tornar algo em particular, aceitando lugar fixo e delimitado na divisão do trabalho e renunciando aos outros "eus" que poderíamos ter sido.

A terceira é a ideia da vocação transformadora: uma invenção da era da democracia e do romantismo, posteriormente difundida pelo mundo nas asas da cultura romântica global e das doutrinas políticas do liberalismo, do socialismo e da democracia. Ao tentar transformar parte do mundo em nosso entorno, tornamos a nós mesmos maiores e mais livres. Afirmamos nossa transcendência sobre posições e circunstâncias. Recusamo-nos a ceder a última palavra aos mundos sociais e conceituais que habitamos. Reservamos a última palavra a nós mesmos.

Viver a ideia da vocação transformadora e não apenas senti-la como fantasia tem sido prerrogativa de uma elite minúscula de inovadores e líderes. A economia do conhecimento promete disponibilizá-la a muitos. Não poderá fazê-lo em sua atual forma insular. E suas chances de cumprir essa promessa dependem de movimento em direção ao aprofundamento e à disseminação da prática mais avançada de produção. Entre os requisitos desse movimento, aquele que comporta mais diretamente essa esperança é a transformação da condição jurídica do trabalho: a substituição gradual do trabalho assalariado economicamente dependente por combinação de autoemprego (não como trabalho assalariado disfarçado) e cooperação (organizada por meio de regimes de propriedade alternativos). Esta e outras mudanças nos arranjos da economia, o modelo educacional e a organização da política decidirão se a ideia da vocação transformadora pode ter lugar na realidade econômica.

Na extensão em que ela possa existir, ela sustenta nossa possibilidade de compartilhar um aspecto básico da liberdade: nossa capacidade para virar a mesa das formas habituais da nossa atividade. Liberdade, em seu sentido mais radical e abrangente, é afirmar, em atos não em palavras, que há mais em nós – em cada um de nós individualmente e em todos nós coletivamente – do que há ou, mesmo, pode haver nos mundos sociais e conceituais que construímos e habitamos, assim como nos papéis que desempenhamos na sociedade.

À medida que se aprofunda e se dissemina, a economia do conhecimento torna a prática de produção mais semelhante ao funcionamento da imaginação. Recordemos a concepção da dualidade da mente. Em um de seus aspectos, a mente assemelha-se a uma máquina: ela é formulaica. Mas em outro aspecto, o modo da imaginação, a mente é antimáquina: avança desafiando seus próprios pressupostos e extrapolando os métodos nos quais se baseia. Descobre mais do que consegue modelar e justificar. Distancia-se do fenômeno imediato para apreendê-lo e subsumi-lo sob um leque de variações – aquilo que o objeto de sua atenção poderia se tornar no reino do adjacente possível. Imaginação é liberdade porque é transcendência na operação do intelecto. Uma forma de produção que abra mais espaço para a imaginação do que a prática anterior representa avanço da liberdade. Ela justifica nossa esperança de poder encontrar liberdade na economia e não somente libertação da economia.

Uma economia do conhecimento da qual muitos possam participar faz mais do que aumentar a produtividade e diminuir a desigualdade. Ela tem potencial para nos elevar juntos, para nos proporcionar grandeza compartilhada. Vista sob a perspectiva do advento dessa economia, a história de nossa vida material registra o longo e vacilante triunfo da imaginação.

Fonte Minion Pro & Helvetica
Papel Avena 70 g/m2
Impressão Graphium